キリストの愛とともに

愛する人に伝えるために

工藤マナ

一麦出版社

目次

キリストの愛とともに

Acknowledgements――感謝

この本は私が英国の修道院滞在中、聖霊の働きにより興味をもって読んだ多くの本からいただいた知識や考察を、帰国後に書き留めたものです。また、教会の若者たちと一緒に聖書を読む会に参加させていただきながら、若者たちの考えや意見を聞き、書き加えたところもあります。「友人や家族、愛する人に伝えたいキリスト教を、キリスト教倫理を軸に書き残したい」という思いが私を動かし、神の助けによって実現したものです。若い頃に自分の所属していた福音派の教会でも、もう少しこんな部分まで知っていたら防げた間違いもあったからです。

英国滞在中に悲しいことがありました。私が洗礼・堅信の名親になった子が、まだ若いのに命を絶ったのです。側にいなかった私には、彼女の苦しみを想像することができませんでした。ただ、彼女が主イエス・キリストを救い主と信じて天に召されたと信じるしかないのです。この本は彼女の死の苦しみを想像しながら、私の若かった頃の戦いや苦しみ、そして今まで守られ生かされてきた聖書による知恵や教訓、神への感謝の心から生み出されたものです。

若者が幸せに生きてゆけるように、そして困難な時代に生きていても主に依り頼み、希望を失わずに、神が「あなたの人生はこれで良い」と言ってくれる最後の瞬間まで、命を大切にして生きていくことができますように、という祈りが込められています。

誰よりも先に、私たちとともに愛を生きてくださる、主イエス・キリストに感謝いたします。また、大変ご多忙の中であるにも拘らず、この本の為に最初のアドヴァイスをくださった、日本聖公会北海道教区退職主教ナタナエル植松誠師父、主教座聖堂主任退職司祭ジェローム大友正幸師父、主教座聖堂主任司祭ペテロ大町信也師父、また、貴重なご意見やアドヴァイス、ご感想をくださった、北星学園大学スミス・ミッション・センター長であり教授のジェームズ・エドワード・アリソン牧師と千江子夫人、聖公会女性デスクの吉谷かおる氏、北海道大学獣医学部名誉教授の神谷正男氏と北海学園大学経済学部教授の神谷順子氏に、また、私に貴重な体験をさせてくださった英国の修女会 Community of St. Mary the Virgin に、そして最後に、この本の出版の為にたくさんのお力添えをくださった一麦出版社社長の西村勝佳氏に心から感謝を申し上げます。

主に栄光、主に感謝

二〇二三年三月一日

工藤マナ

プロローグ

生まれた時には、私たちは何も知らない赤ちゃんだった
目が見えるようになり、最初に見た人が、
いつも抱っこして話しかけてくれる人が親になる
きれいなもの、かわいいもの、やさしいものは教わらなくてもわかる
なぜなら子どもはみんな天から来た（天使のような？）生き物だから
鼻はいい匂い、臭い嫌な臭いを誰からも教わらなくてもわかる
こんなことは動物だってわかるらしい
耳で聞く音が意味のある言葉に聞こえてくる
動物とはちがう言葉がわかるようになると、人間の世界（人生）の始まりだ
面白そうなこと、楽しいことが増えてくる、めんどうなこと、嫌なことも増えてくる
そして子どもは大人が時々、おかしなことを言うことに気づく

神さまを愛する心は生まれた時からの無意識でもっていた
けれども好きな人ができると、人は神さまを忘れてしまいそうになる
好きな人で頭がいっぱいになり、目に見えない神さまを忘れている自分に気づく
神さまを忘れていたら、こんなに苦労しています、こんなに困っています
困った時に神さまを思い出す、都合のいいことばかり言う、わがままな自分
すると神さまは教会に帰ってきた私にこう言った
「何も言わなくてもすべてわかっている、私を思い出したあなたを助けよう」
そして、私は心を入れ替えて新しく歩みだした

このように少しずつ良くなろうとして生きているクリスチャン
赦され、生かされ、励まされ、死ぬほど苦しいと叫んで助けられながら、
こんなに幸せに生きている、なんでも私のことをわかっている方に、生かされている
こんなに限りなく赦してくれる愛の神さま、こんなに憐れみ深い神さま、
人間になった神イエス・キリストが、いつも目をそらさずに私を見つめている
「よく来た、待っていたぞ！」と言ってくれる神さまに
どうすれば天国で会えるのか？
何度くじけそうになっても、人生の終わりまで
いつも思い出そう、神さまのことを！

プロローグ

「我々にかたどり、我々ににせて、人を造ろう。そして海の魚、空の鳥、家畜、地の獣、地を這うものすべてを支配させよう（創世記1・26）」。

私たちは命ある小さな細胞として神に造られ、子どもの頃は動物と似ています。けれども本能により神に養われている動物と違い、親に育てられて知恵を育み成人します。この世はみな神の創られた世界、私たちは神に命を与えられた自分の体の管理人、そしてこの世の自然と生き物すべてをとおして、神の創造の神秘を感じながら生きる管理人として造られています。神から与えられたそれぞれの能力を生かし、愛をもって幸せに共存する為に。神は最初に造った男から女を助け手として造り、それぞれにふさわしい能力と役割を与えられました。

ではいつから、人間は天使のようではなくなるのでしょう？　男の子も、女の子も十二歳前後にお互いの体や気持ちの違いを意識します。私たちの体は世界の初めに、神が創られたエデンの園と同じような構造と神の法則でできています。私たちが学校で学ぶすべて命ある生き物、自然も動物も神の法則でできているのです。しかし人間はすべての生き物の中で特別に造られました。神はご自分に似せて人間を造られたからです。覚えておくべきことは、人間は神ではない、神にはなれない、神に造られた生きている命だということ。ですからどんなに人間が進化しても、神のように、生きる命を創りだすことは不可能なのです。

神にエデンの園を与えられ、生き物に名前を付け、管理する役割を与えられたのはアダム。「園のどの木から取って食べても良い。ただし……」と神は言われました。私たちは物心がつくと自分の体やこの地球上にある自然や生きている物に興味をもち、触ったり、匂いをかいだり、じっくり観察してみたくなります。そして実験してみるのです。すると、自分の体やこの世界の中に、天使のような善い性質、植物や動物のような従順な性質、蛇みたいな人を騙し惑わす悪い性質を発見します。

私たちは人生の中で面白いもの、楽しいことに出会い、気持ちのよいことと悪いことを発見し、疑問をもち研究し、学問します。しかし自分の快楽や幸せを追求する人生からは、すべてが過ぎ去りいつか失われる、実にむなしいものだと気づきます。神の掟（律法）から教わらなければ、何が良いことで何が悪いことなのか実はわからないのです。聖書には神の掟が書いてあります。私たちが「幸せとは何か？」をわかる為のガイド・ブック、一生読み続ける価値のある人生の教科書？　実はもっと大きな世界のことがぎっしりつまった一冊の図書館です！

では創世記から黙示録までを簡単にご案内しましょう。

第一章　結婚の神秘

園の真ん中においしそうな果物の木がありました。人間の最初の欲は食欲だったのでしょうか？　それとも五感がそうさせたのでしょうか？　美味しそうな色、形、そしてどうしても食べてみたくなる良い香り。欲しいな～、食べてみたいな～。しかし神がアダムに禁止したことを思い出してみましょう。「**園のすべての木から取って食べなさい。ただし善悪の知識の木からは、決して食べてはならない。食べると必ず死んでしまう**（創世記2・15）」。しかし人間は、少なくとも私は「ダメですよ！」と言われると「どうしてかな？」とますます興味をもってしまいます。食べてはいけない木の実が、すべての木の実の中で一番美味しそうだったらどうでしょうか？

神はアダムが一人でいるのがよくないので、彼にふさわしい助ける者を、彼のあばら骨の一部からお造りになりました。そしてアダム（イシュ）はその人を喜び、女（イシャー）と名づけたのです（創世記2・18～24）。最も賢い生き物、蛇は女に言いました。「**決して死ぬこと**

はない。それを食べると目が開け、神のように善悪を知るものとなることを神はご存じなのだ（創世記3・4）」。女は食べてはいけない理由を聞かされ、蛇の言うことが本当だと思い、神の約束を直接聞いてはいなかった為に食べてしまいました。「美味しいわ！　あなたは死ぬといったけれど私は死んでいないわ！　大丈夫。食べてみて！」とアダムを誘ったのでしょう。今度はアダムの前にいる「食べたのに死んではいない生き証人」が説得しました。そうでもなければアダムは神の言うことだけを聞いていたかもしれません。聖書には、動物が善悪を知る知識の実を食べたとは書いてありませんが、人間はこのようにして、その実を食べてしまいました。

　アダムは神との約束と、彼女の勧めと、どちらを選んだのでしょうか？「完全な愛」とは従順であること、それは愛する者の言うことを聴き、行うことなのです。その時、アダムは目に見えない神の言葉より、目の前にいる女の言葉に従ってしまいました。すると一番おいしそうな（禁じられた）果物の木からとって食べた二人は目が開け、自分たちの裸を見られることがなぜか、ものすごーく恥ずかしくなったのでしょう。賢くなると何がわかるのでしょうか？男と女の違いや、その他いろいろなこと（神がなぜ禁じたのか？）がわかってくるのかもしれません。これを「善悪を知る」というのでしょうか？

　今までは神から自分たちの裸を見られても、子どものように「恥ずかしい」とは思わなかった二人でした。神は二人が隠れようとしたので、二人を呼びました。「**お前が裸であることを誰が告げたのか。取って食べるなと命じた木から食べたのか**（**創世記3・11**）」。そして神は二人に服を着せてくださいました。善悪を知る時とはどんな時でしょうか？　誰にも見られたくない、隠れて行う罪ができて恥ずかしくなる時でしょう。教えられた時に恥ずかしいと感じる世界もありますが、実際に経験することにより判る恥ずかしさもあるでしょう。私たちは子どものように、知らずに罪を犯すこともあり、そのような時はすぐに赦されます。しかし悪いと知りながら禁止されていることをした時には、罪を隠そうとするのです。

神は互いを非難しあう二人を悲しみ、戒めて、神が与えた命の木の実を食べることができるエデンの園から追放しました。神の宣言どおり、この時から人はいつか死ぬ、永遠には生きられない存在となったのです。アダムが神の命令より愛する女の言うことを聞いたことで、神は女を造ったことを後悔はしなかったでしょう。おそらく創造の世界は人間の自由意志選択と神の限りない大きな愛で創られているのでしょう。神の支配する国に住んでいた二人は、神から離れて人間同士で結びつきました。神との直接の交わりがなくなると、人間は一つの体にならなくては半人前だったのです。もともとアダムの体の一部から造られたのが女（エバ）なのですから、エバはアダムの体の一部に戻ろうとします。アダムは失った体の一部を取り戻そうとします。そして二人で一体になるのです。

このように神は善悪を知る人間が神のようになり、永遠に生きることを許しませんでした。男女を結婚させ、エバには苦しんで子孫を残すように、そしてアダムには荒れた地を耕し、日々の糧を働いて得るようにと命じたのです。こうして男と女は力を合わせて「創り主である神に守られながらも、自分の生きてゆく人生の中で善悪を選択して生きる新しい生活」を二人で始めたのです。このように「善悪の知識」を得た男女は、楽しみも苦しみも一緒に考えて乗り越えてゆくことになりました。

皆さんも恋におちると、その人と人生を死ぬまでともに生きることをあれこれ考えてみるでしょう。広い世界の中から自分の半身だと思える人を見つけます。このような運命の相手を英語ではベターハーフと呼びます。誰でもいいという訳ではありません。少なくとも嫌いな相手は選びません。片方が好きでも成立しないのですから、両想いでなくてはなりません。そして二人になると一人の時よりもベターとなる相手、つまりそのようになってくれようとする相手という意味で、最初から自分に最良の人を見つけることはほとんど不可能です。

また、若いのだからといって男性も女性も、ちょっと遊んで捨ててしまおうなどと、考えてはいけません。性的な遊びが相手の本気な心と体を傷つけると、男性不信や女性不信となり、その人の人生を大きく狂わせてしまいます。生理のある若い健康な女性の体は妊娠しやすくできています。女性が健康な子どもを産む為には、性病や堕胎経験がない方が良いのです。一度子どもを堕すと、子宮に傷が残り精子が着床しにくくなり、流産しやすくなります。そして流産をくり返すと、子どもができなくなります。そして子どものできない女性は結婚対象にされず、男性の遊び相手にされやすいのです。そのように男性が責任の無い性行為を強要し、若い女性に堕胎をさせることにより、その女性がもてあそばれたあげくの果てには体を売り買いされ、性病に犯され、ホームレスになるという最悪の結果を招く場合もあるのです。レイプや軽い気持ちでの性行為で傷ついた女性は「将来愛する人と幸せな結婚をする」という希望を失い、自暴自棄になるケースも多く見られます。

なぜなら、男性と違い女性は男性の体の一部に戻ろうとする、男性との性関係に依存しやすい弱い体をもっているからです。そして男性は失った体の一部を求めて探します。大変胸が痛くなるのが恋愛だと皆さんも感じることでしょう。このように男性にも女性にも、愛する人との責任ある結婚が必要なのです。私たちは誰がベストの相手か知らずに好きな人を選んでいますが、人生の終わりに「私にはこの人が一番よかった」と、言える相手がベストなのかもしれません。お互いの弱い部分や、欠点を理解しあい、助け合いながら常に前よりもベターである努力をし続け、最後にお互いにベストだったと言えるなら素敵な人生だと思いませんか？

旧約聖書のレビ記、申命記には十戒について細かく記されています。旧約聖書の時代にも今と同じような性関係の異常さが惹き起こすさまざまな病気、汚れ、罪がユダヤ人の中にもあったからでしょう。私の出会ったユダヤ人によると、彼の一族は今でも割礼を施しているそうです。彼の説明によると、男性が身を汚して女性に病気のウイルスなどを移さない為で、衛生的理由からであるとのことでした。男性が自分の好きな女性に性行為をした場合は結婚すべきである、と聖書には記されています。異邦人の性関係に比べ、神に従う民は神を忘れないように禁欲の時を大切にしながら性的に自制し、神中心の幸せな結婚生活をおくる為に、細かい規定が作られたのでしょう。なぜなら性的な結びつきは時には神を忘れさせる程、人を虜にするからです。この規定は愛する人がいても、神に聴き従おうという努力をする為なのかもしれません。

愛する者と一体でありながら、他の人とも性的に結びつくことを姦淫と言います。では姦淫とはどのような罪なのでしょうか？「**夫の生存中、他の男と一緒になれば、姦通の女と言われますが、夫が死ねば、この律法から自由なので、他の男と一緒になっても姦通の女とはなりません（ローマの信徒への手紙7・3）**」。私たちは二人が一つになる相手を選ぶのですが、夫になる人が結婚前にたくさんの女性と性的関係がある場合はどうでしょうか？ または妻になる人のたくさんの性的関係が結婚前に発覚したらどうでしょうか？ この場合、今までつきあった人の中に完璧な人がいなかったように、いつまでもふさわしい相手を見つけるのに苦労するでしょう。ささいなことで不満を抱き、あの人はもっと良かったから、今の相手よりももっと良い人が他にいると考え、別れ話になりやすいのです。

しかし、お互い一生に一人しか知らなければ比べようがないので、大抵のことに我慢すれば耐えられ、忍耐することにより愛を育み、これ以上の人は存在しないと思うでしょう。ですから自分と価値観の違う相手は選ばない方が良いのです。なぜなら自分にふさわしい相手を選ぶとき、お互いに許せると思う罪なら、何かのきっかけで喧嘩の材料や虐待、離婚の原因になることは少ないからです。それだけ本気で相手を選ぶべきです。あなたは「女性なら誰でもよい、クリスチャンなら誰でもよい」という相手と結婚するでしょうか？　顔や体つきだけでなく、お互いの能力、性格、価値観や趣味、その人の生きてきた人生などをわかった上で、何よりも心から「あなたが一番好きだから」と言ってくれる人を選ぶのではないでしょうか？

また、聖書は「**それゆえ、人は父と母を離れてその妻と結ばれ、二人は一体となる（エフェソの信徒への手紙5・31）**」。と、その一体である体を引き離してはならないため、離婚を禁じています。カトリック教会も認めるように、相手の浮気など自分の非が原因ではない、やむをえない場合は離婚も認められています。今は若い恋人同士がこのようなケースに当てはまったりする時代ですが、聖書によると結婚前に男性を女性が愛をもって受け止めて性的関係になった場合は、たとえ結婚式前に妊娠が発覚しても、愛する相手との結婚が勧められています。

「**『妻を離縁する者は、離縁状を渡せ』**と命じられている。しかし、わたしは言っておく。不法な結婚でもないのに妻を離縁する者はだれでも、その女に姦通の罪を犯させることになる。離縁された女を妻にする者も、姦通の罪を犯すことになる（マタイによる福音書5・31～32）」。

聖書では、男女がお互いを知ることを結婚と同じ意味で使っていますが、夫婦となる時に結婚式をします。そして結婚した男女は夫を「主人」と呼び、婦人である妻を「夫人」と呼びます。昔、わが家の壁にはこのような言葉が飾られていました。「我が家の主はキリストである」。家庭の主人は夫の筈です。しかし箴言23章を読んでみると、理想からかけ離れた男女の姿が、そして主人としてふるまう夫がキリストのようでなければ、罪人となり下がってしまう状態が描かれています。夫婦の世界を生きていると神を忘れてしまい、聖書に書いてある神の掟よりも、愛する人の意見が大切になることへの忠告です。二人で好き勝手なことを要求し、攻め合い、お互いを自分のルールで縛り上げる誘惑にも出合うかもしれません。これでは正義も通らず愛も不完全で、神の平和な世界からかけ離れてしまいます。

このように誘惑に負けると、男女は神の喜ぶ世界からどんどん離れてゆくのです。罪とは、気がつかないうちに人生の行き先を間違ってしまうこと。「このくらいの小さな間違いだから大丈夫だ」と思い、小さな悪いことを賢く正当化しながら、正すことなく、謝ることなく、人のせいにしながら、見て見ぬふりをし続けるなら、気がついたときは神の教えてくれた幸せの掟から遠く、遠く離れたところに来てしまうのです。そしてもう、どの道を通れば昔のような幸せな世界に戻れるのか、わからなくなってしまいます。

聖書的な世界観によれば、創造者なる神の、神の像として存在せしめた人間の目的が重要だ。原義すなわち「神のエデンの園における創造と恩恵」からきた「喜び」であり、これは「創造論」からきたものであって、失楽園から復楽園への移行である。つまりキリストの贖いによる「創造の回復」からきたものであって、「霊魂の救済論」からきたものではない。人々に世俗で喜びをもって働くことの意味を教えた教理である（稲垣久和編『神の国と世界の回復』233頁）。

世俗で生きる人生と、修道院生活のような神の国を求めて人生を生きること、この違いを明確にしましょう。つまり修道院では、できるだけ完璧に神の掟を守ることをめざしますが、世俗ではそう簡単にはできません。世俗に生きる人間にとって、歴史とはおそらく修道院のような個人的「救済論」のくり返しが目的ではないのです。なぜならキリストはたった一度生まれ、たった一度私たちの罪のために十字架に掛かり、この世の終わりにもう一度来られて私たちを救われるからです。だから何度も罪が赦されるのでしょう。むしろ「創造の回復」のくり返しと言っても過言ではないのです。「喜び」とは何でしょうか？　何度も赦され、新しくやり直すチャンスを再び得ることではないでしょうか？　失敗により、次は失敗しないように注意して、より良い人生を喜んで生きる為に。

救済は人生に一度受ける洗礼なしには不可能ですが、罪に苦しむ時、天国への道に何度も神から呼び戻される、救いの「喜び」ではないでしょうか？　私たちの生きる目的とは、すべてを諦めて生きる「終末論」をくり返すのではなく、赦されて新しいチャンスが与えられる「創造の回復」のために、私たちは神によって与えられた体と魂をもって生き、また神の恩恵による赦しによって生かされてゆくことでしょう。人生の終わるその直前まで、私たちに与えられたイエス・キリストの贖いによって。そして、人生が黙示録までできた場合、滅びの子は滅び、神の子には天国が待っています。聖書のみ言葉に従って生きている人は、どのような生き方が天の国へ向かう道なのかを、神から教えてもらうことが可能だからです。

しかし、聖書は自分勝手に解釈してよいものではありません。また、聖書学によって神がわかるようになる訳でもありません。神のことを知れば知るほど、人は神のことを理解できないことがわかるのです。言い換えるなら、比較宗教学などの勉強では、神について考え調べ、想像する喜びはあっても結局、神はわからないのです。しかしわかる方法があります、それはもっと単純なことで、子どものような心で聖書のみ言葉を神の言葉として受けとめ、信じて生きることによりわかるようになるのです。子どものような心になる時、イエス・キリストに出会うことができるでしょう。

第二章　神殿に献げられたイエスの神秘

シメオンの賛歌

「主よ、今こそあなたは、お言葉どおり
この僕を安らかに去らせてくださいます。
わたしはこの目であなたの救いを見たからです。
これは万民のために整えてくださった救いで、
異邦人を照らす啓示の光、
あなたの民イスラエルの誉れです」。

幼子イエスは、マリアとヨセフによって出産四十日後の、マリアの体の汚れが清められた日に、神殿に献げられました。女性の出産後の体が元の健康状態に戻るまで四十日必要だと考えられていたのでしょう。マリアの子には生まれて八日目にイエスという名が付けられ、同じ日に割礼を施されました。ユダヤ人の男児は清潔な肉体を維持するために必ず割礼を受けなくてはならないのです。これは、神との契約であり、イエスも同じ傷を受けられました。エルサレム神殿には、マリアとヨセフに抱かれたイエスを、生涯をかけて待っていた二人の人がいました。一人はシメオンという男性、もう一人は年老いた寡婦のアンナです。二人とも神の子の誕生を待ち続けていた人々で、今まで数えきれない程の男の赤ちゃんを見てきた二人でしたが、幼子イエスを見たとき「この子こそ神の子、救い主だ」とわかったのです。

聖書には私たちの体が神のお住まいになる神殿（教会）であり、汚してはならないという譬えが書いてあります。これはどういうことなのでしょうか？　解釈はさまざまですが「体を大切にし、聖なる生き方をしなさい」ということなのでしょう。神殿とは神の住まいですから、娼婦の体にしてはならないとも書いてあります。この言葉は、女性のみに語られているのではなく、男性にも語られています。神の前で「生涯をともにする」と約束した結婚は聖なる儀式に数えられますから、結婚によりモラルの低下を招くはずはありません。しかし、色欲ばかりを求める結婚では、自分も愛する人も誘惑に勝てず、欲望のなすがままになり、悪魔の虜にされてしまいます。神に従わず人間を神のようにあがめ、虜となり、振り回されると、すべてを失ってしまう程に堕落する場合もあります。悪魔とは、人の心を神から引き離す「誘惑をする者」のことなのです。

そのような訳で、神以外の誰をも「主なる神」としてはならないのがキリスト教です。世の光である神の子イエス・キリスト以外の、目に見える物や人を神とすることを偶像崇拝（アイドル・ワーシップ）といいます。夫婦そろってイエス・キリストのみを主とするには、二人ともクリスチャンでなければ、なかなか難しいものです。**「キリストに対する畏れをもって、互いに仕え合いなさい。妻たちよ、主に仕えるように、自分の夫に仕えなさい。キリストが教会の頭であり、自らその体の救い主であるように、夫は妻の頭だからです。また、教会がキリストに仕えるように、妻もすべての面で夫に仕えるべきです。夫たちよ、キリストが教会を愛し、教会のためにご自分をお与えになったように、妻を愛しなさい（エフェソの信徒への手紙5・21〜25）」**。

では夫がクリスチャンになったばかりで、妻は生まれた時からキリスト教徒として育っている場合はどうでしょうか？　妻は、自分に都合の良い聖書解釈をしたり、自己正当化する未熟なクリスチャンの夫に従うでしょうか？　このような結婚の場合、男女が互いに尊敬できる教養やモラルをもっている相手でなくては成立しません。つまり互いに聴き合い、理解し合い、聖書に照らし合わせて納得できなくてはなりません。また、結婚式の前に、男性のプロポーズを女性が受諾していない場合の性行為は強姦と同じ扱いになります。また、結婚式の当日も式の直前までは離縁が可能ですから、婚約していても、結婚前に性行為を強要するのは無責任な行為なのです。そして、愛する女性を色欲の目で見ることは、目で強姦していることと同じです。お互いに相手を神への清い献げものとして大切にすべきなのです。

今の若い人の中には、結婚式の前に性関係をもつケースも多く見られます。それは自己判断と自己責任により行われています。神は聖書の中でそれが良いとは言ってはいません。また、本人の自由選択を禁じてもいません。しかし自分の体を娼婦の体にしてはならないと聖書には書かれています。互いを重んじ、尊敬する心で結婚する人生と、互いを軽んじ軽蔑しながら、だらだらと付き合いながら、または何度も別れながら、結婚で味わう忍耐による実りの幸せを知らないことも、現代の若者に見られる残念な傾向です。なぜなら愛とは、忍耐により育まれるものだからです。

「主の教会はただ一つ」これは多神教、偶像礼拝の宗教に対しての「神の民」の宣言です。世界は広くても、文化が違ってもキリスト教は同じです。そして他の宗教との結婚を姦淫と旧約聖書はたとえています。ユダヤ人もソロモン王時代に異教の神々を信じる人々と結婚し、その人々の言うことを聞き、他の神々の儀式や習慣にも従い、エルサレム神殿を娼婦の館にしてしまった歴史があります。しかしキリスト者以外との結婚でも、模範的キリスト者の夫、または模範的キリスト者の妻により、相手も清められ、主を信じる民に加えられることがあります。私たちはクリスチャン以外と結婚した場合、その相手もクリスチャンになることを祈り求めて、信仰の模範を生きる努力が必要であり、これはクリスチャンと結婚するよりも難しく、真実の愛なしには不可能です。最も大切な愛する人だからこそ福音を伝えたいと、天国の喜びへ導きたいと願うのです。

この結婚の神秘はクリスマスの出来事に隠されています。処女マリアの受胎告知、神が救い主イエス・キリストとして誕生されたことは、聖母マリアの清め（出産後の出血が止まるまで清いとされなかった）、そして当時のユダヤ教の神殿に献げられた主イエス・キリストにより、私たち日本人（異邦人）にも身近なものとなりました。それゆえ現在の私たちの神殿を「キリスト教会」といいます。まさに、創世記とヨハネの福音書が共に告白するように「み言葉は人となり、私たちの間に宿られた」のです。そしてこのクリスマスの出来事の証人は、天使に導かれた貧しい羊飼いたちと、星に導かれた東方の博士（魔術師）たちだけでした。

東方の博士とはこの時代、博識ある占星術師の中で最も高い地位にあり、将来を予測することができると王に信頼されている立場の人々でした。この人々は星の位置、動き、形、輝きを読み取って次に何が起こるかを予測できたのです。神は天体をも支配しておられますから、確かに今までに見たことのない星の発見により、特別な王の誕生を予告できたのでしょう。そして、この特別な星とともに誕生した王を何が何でも拝みに行こうと決断したのです。また、この特別な王が、全人類のために死ぬ愛をもっている、「救い主」であることさえも予測していたのでした。単なる占い師ではなかったのです。博士たちは、この宇宙の中の大いなる力への畏れをもっており、ヘロデ王の言葉には従わず、神秘的な「夢のお告げ」の方に従い、イエスの命をヘロデ王の嫉妬から守ったのでした。

　では私たちはどうだろうか？　イエスの顔は見えないし、イエスがどんな外見であったかも知らない。私たちはキリストのからだであるから、私たちがイエスの顔のはずである（ティモシー・ラドクリフO・P『救いと希望の道』42頁）。

ラドクリフ神父は、この譬えによって何を言いたいのでしょうか？　イエス・キリストは唯一の神ですから、私たちは会ったことのないイエス・キリストに出会った時に、気づくことができるでしょうか？　たとえば、私を助けているある修道女の顔を見て、「イエス・キリストが私を見つめている！」と、感じたことがあります。彼女はいつもどおりの顔をしていました。つまり彼女の顔が突然イエス・キリストの顔になった訳ではなく、ただ彼女の眼差しがまるで「神の子」のようだったのです。このようにして、私たちがイエス・キリストの助けを必要としているとき、誰かの中に住まわれるイエス・キリストの顔に出合うことがあります。そしてイエス・キリストの愛に生きるなら、私もあなたも「神の子」の顔になっているでしょう。

　聖母マリアにより、神殿に献げられたイエスは、母により神に献げられた人生を生きるクリスチャンのようです。女性はキリストの花嫁である教会のような体として譬えられ、男性はキリストのからだのように大切な体、私たちがお互いの顔の中にキリストのやさしさと愛を見ることができるように。それはイエス・キリストは唯一であり、私たちは神の似姿であるからです。そして神の子イエス・キリストを模範として生きること、それは究極の愛の人生なのです。どんなに人生の途中に失敗があっても、最終的に神の愛を模倣して生きることができれば、これほど素晴らしい人生の終わり方はないでしょう。

第三章　洗礼の神秘

旧約聖書では神を「わが主」と呼んでいます。新約聖書では目に見える「人となられた神」を、私たちの主イエス・キリストと呼んでいます。旧約の神の掟を守る民、ユダヤ教の人々は幸せに生きられる筈でした。これを仮に〈予防的信仰教育〉（罪を犯さない人生を志す教え）としましょう。罪を犯すことが少なければ、苦しみも少ない筈だからです。しかし、嘆きの壁（エルサレム神殿の一部で東ローマ・ビザンチン帝国により破壊された）の前で、過失を悲しみ神の掟を守ろうとしても、完全には守れない弱い存在だとわかります。新約の掟も旧約の掟と同じですが、私たちのためにイエス・キリストが掟を生きて、「人間はこのように生きることができる」と、教えてくださらなくてはならなかったのです。

イエス・キリストと同じレベルになることは人間には不可能ですが、主イエス・キリストが三十三年のご生涯で達成されたことを、私たちは命の与えられている限り（長い人も短い人もいる）イエス・キリストに倣い、死ぬ時にはこの世の最後に襲いかかる悪魔との闘いの十字架を経験して、復活の命に与ることは可能です。模範であるイエス・キリストを真似ているのであれば、キリストに倣うことは決して自分を神とする（私はキリストだ、と言って神のようになる）罪と同じにはなりません。

〈予防的信仰教育〉に対し、罪の悔い改めから生まれた教えを〈再生的信仰教育〉と仮に呼ぶことにしましょう。ユダヤ教とキリスト教の違いはこの点かもしれません。また、自分には罪が無いと考える人にはキリストは必要なく、その人の中にキリストは誕生しません。信心深い仏教徒は、自力本願的であり、自分を聖人の域まで高めるので、キリストが必要ではないのかもしれません。「私は罪人です。人生をやりなおすには救い主が必要です」という罪の自覚のある人にはキリストが生まれ、救い主となってくださいます。これが他力本願として日本人が理解できるキリスト教です。キリストがいつも私の中におられるとき、キリストの愛によって誘惑に弱い私が、弱さに打ち勝てるように支配してくださっていることに気づくのです。

キリスト教の洗礼は大きく分けると二種類あります。カトリックや聖公会の幼児（本人の意志ではなく恵みとして与えられる）洗礼、プロテスタントの成人（回心の経験による）洗礼です。もちろんカトリックや聖公会でも、成人してから人生の途中でクリスチャンになる人々は成人洗礼を受けます。カトリックはユダヤ教のように、厳しい予防的手段を取りますが、同時に人間は弱く、神以外の人間には正しく生きることが不可能であると認め、洗礼後の罪に寛容

（神父による告解・懺悔が何度も可能）でもあります。逆にプロテスタントは、牧師が赦しを与えるのではなく、神の裁きに委ねるので、回心して洗礼を受けた者に対して牧師や先輩クリスチャンが、厳しい忠告をすることがあります（何度も同じ罪を犯す人は本当に回心していないと指摘されます）。なぜなら罪人を正しい道へ導くようにと聖書は教えているからです。

イエスは確かに罪人に「もう罪を犯さないように」と、告げています。聖公会やカトリックは「キリスト教を信じたい、洗礼を受けたい」という人に学びの機会を与え、本人が神の前で信仰告白をする決断と意志による洗礼を拒みません。それに対してプロテスタントは洗礼を受ける前に、たとえ小さなきっかけや、気づきによる回心であっても、「自分の人生経験の中で、キリスト者となる決断に至ったときの召命（信仰告白や体験）」を、教会員の前で受洗時に表明することを求めます。カトリック、聖公会、一部のルーテル教会では洗礼志願者を導くためにふさわしい、本人と親しい名親が選ばれ、牧師や名親と共に教名（クリスチャンネーム）を選びます。そして、洗礼・堅信時のお祝いに参加した信徒全員が、その人が洗礼・堅信を受けたことの証人となるのです。

修道院（聖なる世界）を廃止したプロテスタント的精神は、世俗の職業のうちにおいて修道院のような「禁欲」的態度を持ったとしたのである（稲垣久和編『神の国と世界の回復』185頁）。

プロテスタント、特にルーテル教会では「万人祭司」つまり、カトリックで修道者が行うような、清貧、貞潔、従順、謙遜を世俗で、つまり結婚生活の中で実践する信仰を求めています。カトリックはこの世の富や名声、成功を所有するキリスト教の家庭、または極度に貧しい家庭に生まれた者に、すぐに〈予防的信仰教育〉をするのに対し、プロテスタントは、貧しくても富んでいても、貧富の差を感じさせない福音的生活を謙遜の模範とし、洗礼後に〈予防的信仰教育〉をします。この世の成功に酔いしれる危険を回避し、平凡で幸せなクリスチャンの家庭生活を理想としているからです。聖公会はカトリックとプロテスタントの中間の立場ですが、プロテスタントの教えを取り入れながらカトリックの祭儀を残し、この世の王国を支配する権威あるプロテスタントをめざしたのです。

実は、平凡でありながら、与えられたものに常に感謝して生きることが私たちには難しいのです。富、名声、地位、成功などを得ても、自分の素晴らしい業績や人からの賞賛に酔いしれることなく、すべてをくださった神に感謝し、謙遜を生きるのが本当の信仰者の道ですが、これはキリスト教の頂上者にも難しいことなのです。なぜならこの世にある限り、常にもっと良い物を欲しがる欲望があり、生きて働くため、また愛する人を守るためにも、この世が与えるものを私たちは必要としているからです。

この世に全く属さない生き方は修道者にも、修道院が守ってくれなければ大変難しいことです。それは神の子としての仕事しかしなかった、イエス・キリストにしかできなかったことなのです。それゆえ平凡であることが一番幸せであるとも言われています。神からいただいたものを神に返し、生きるために必要なもので満足しているクリスチャンの謙遜な生活が、欲望に支配されにくく最も幸せで美しい信仰生活であり、理想的とされています。

このような点でも、聖公会はいつもカトリックとプロテスタントの中間の立場をとります。そして、どの教派も最終的にめざすところは天の国であり、不完全な私たちが、聖書のみ言葉に従い、清く正しく美しく、愛のゆえの正義と平和を幸せに生きる道を教えているのです。**「いかに幸いなことでしょう、まったき道を踏み、主の律法に歩む人は。いかに幸いなことでしょう、主の定めを守り、心を尽くしてそれを尋ね求める人は**（詩編119・1〜2）」。

洗礼・堅信を受ける前、キリスト者になる前の罪は、回心し洗礼・堅信を受ける時に赦されます。しかし洗礼・堅信後に犯した罪については、「悪いと知って犯した罪」として裁かれます。このような罪の場合、それぞれ自分の罪の程度に応じて自分の十字架を背負って生きなくてはなりません。これは大変なことですが、自分の犯したような罪を犯している人を赦すことで、自分の罪も赦されるのです。しかし自分の知らない分野の罪については、その人が背負うこと、赦すことができなくてもしかたありません。ただ、人間は弱く罪を犯しやすいことを覚え、自分の知らない罪については裁かない態度が必要です。神だけが、イエス・キリストだけがすべての罪を赦す権利を持っているからです。

どちらにしても、「人生の中で神の命令を守っていれば良かった」と後悔する時には聖書を読んでみることをお勧めします。祈りながら、「どこを開いたら良いですか？」と神に聴いてみても良いのです。私が二十～三十歳の時、涙を流して反省する度にいつも開いた聖書の箇所は真ん中あたりでした。そこには神のように偉い「王」という立場になり、反省したダビデ王やソロモン王の詩が書いてありました。ダビデ王は回心し、いつも神に会いたいと願い、「反省し、感謝と賛美を献げ、そして主の掟に従い続ける祈りの為の神殿をください」と神に祈り求めたのです（サムエル記下7・18～29参照）。

どうしたら幸せな世界に戻って、神の教えを聴き、神の掟を守りながら愛する人や子どもと幸せに生きられるのでしょうか？　実は神はこの王様の造ったような神殿にはお住みになりません。神を信じて、神のみ言葉を読み、掟に従って家族のように愛し合う人々が、二人、三人集まるところが神の家、教会と呼ばれる所になったのです。それは、私たちが一人よりも二人の方が、良いことをするために励ましあい、誘惑に勝てるからなのではないでしょうか。イエス・キリストを愛の神、平和の王、勝利の王と言います。人間の肉体で生まれ、聖書のみ言葉を信じて生き、あらゆるこの世の誘惑に打ち勝った模範だからです。キリスト教徒はこのようにして「イエス・キリストは神である」と告白するのです。

良いことをしようとする仲間の集い（教会の礼拝）に集まり、神を求めて祈りましょう。教会では神に心を向けましょう。教会とは、さまざまな過去をもった家庭で生まれ育った、価値観の違うさまざまな人々が神の家族として集まる所です。良い家柄で何不自由なく育った人も、平凡で普通の家庭で育った人も、最悪の家庭環境の中で育った人もいます。見た目の美しさや、貧富、頭の良い悪い、などといった偏見のある見方をせず、心の美しさに目を向けましょう。

人の顔は心の鏡、心の美しい人の顔や目は清く澄んでいて美しいからです。そして目には見えないけれど、私たちに命をくださった神の声を聴き、感謝と讃美を歌い、神の喜ばれる善いこと（愛・平和・正義）を求め、一緒に祈りたいものです。このように一緒に教会に行き、家庭でも共に祈ってくれる相手を見つけて結婚することは、正しく生きる助け手を見つけることでもあるのです。しかし結婚とは、一日中共にいる同じ相手と一生涯共に歩むのですから、価値観の違う相手では大変です。お互いに一番よく理解し合える、愛し合えると思う人を選ぶものです。たとえば、顔立ちの美しさで選べば、その人が病気や障がいや加齢で美しくなくなった時に、好きである気持ちは冷めてしまいます。しかし、内面で選べば、どんな美人が現れても浮気などせずに、いつまでも好きでいることができるのです。

しかし、この世には、男女の愛に恵まれなかった人、異性との性関係恐怖症、結婚生活に向いていない、または結婚ができなくなった人、愛する人が死んでしまった等々、生涯独身で生きるクリスチャンもいます。このように一人で生きる運命を背負った人々は、同じような犠牲と愛に生きるグループで集まり、神の「聖なる家族」として共に生きています。修道者（神と一つになる誓願をたてる者）もその一例です。修道誓願には有期誓願と終生誓願があり、終生請願者はイエス・キリストの花嫁としての指輪をしています。このように自分のすべてを神へお献げする祈りの共同生活に召された人は、たとえ悔い改めた罪人であっても残りの人生を修道院で神に献げて死ぬことができるのです。そして、申命記23章22節にあるように、誓願とは取り消すことのできないものなのです。

この世では「何か問題があるから一人なのか、監獄のような小さな独房で刑罰でも受けているのだろうか?」と後ろ指さされる場合もあります。しかし神の掟に従順になり、間違いを正し、清く貧しく、欲を自制し、悪を遠ざけて生きる道を選んだ人々は、生まれた時と同じように、天使のように一生神と共に歩み、神より愛する人間をもたず、人よりも神の言うことを聞き、この世のすべての誘惑と戦い続ける生き方を選べるのです。このような生き方をしている人々は、この世で神の国に属し、神と一緒にいる幸せをいつも味わうのです。

昔、マリアというおとめがいました。この時代に何があったのでしょうか? なぜマリアは神に選ばれたのでしょう? もしかするとマリアは危険を感じたのかもしれません。当時のユダヤ社会では十二歳を過ぎると婚約ができ、若いうちに結婚することは、たくさんの子孫を残すために必要なことだったのかもしれません。たくさんの子どもを産んでも、全員が健康で生き延びる訳ではなかったのです。当時は、神の掟を守ることが予防医学であり、病気は神の裁きであると考えられていました。ダビデの書を読みふけるマリアは、この世に権力争い、貧富の差、モラルの崩壊、悪欲がはびこるのを見て、正義を求める者には地獄のような絶望的な世界だと、まだ若いおとめであったからこそ、倫理的に堕落した世の中に気づいたのかもしれません。

処女マリア修道院で神の御心を求めてシスターたちが祈る姿を見ていた私は、聖書には書いてありませんが、マリアが生きていた時代も同じように人間は罪にさいなまされ、マリアがダビデ王と心を一つにして次のように祈ったのではないかと想像するのです。「神さま、私たちは罪により滅びてしまいそうです！ どうぞ、救い主を私たちの間に生まれさせてください。弱い者、子どもや女性たちは虐げられて、強い悪い人々の言うことを聞かないと生きてゆけないのです。そしてそれを見ている私も、あなたの目には弱く無力な、同じ罪人です」。

まさか神がこのようなマリアの祈りを聞き、全知全能の神が人間になって人間たちを救いに来るとは、誰が予測できたでしょうか？ 処女マリアの観想祈祷は、この世で最初で最後の、これ以上がない程の純粋な、神の御心にかなう祈りだった、と言ってもよいかもしれません。それゆえおとめマリアは聖人の中で最も高く上げられ、永遠に神の母となったのです。

第四章　神の母マリア

マリアの賛歌

「わたしの魂は主をあがめ、わたしの霊は救い主である神を喜びたたえます。
身分の低い、この主のはしためにも目を留めてくださったからです。
今から後、いつの世の人もわたしを幸いな者と言うでしょう、
力ある方が、わたしに偉大なことをなさいましたから。
その御名は尊く、その憐れみは代々に限りなく、主を畏れる者に及びます。
主はその腕で力を振るい、思い上がる者を打ち散らし、
権力ある者をその座から引き降ろし、身分の低い者を高く上げ、
飢えた人を良い物で満たし、富める者を空腹のまま追い返されます。
その僕イスラエルを受け入れて、憐れみをお忘れになりません、
わたしたちの先祖におっしゃったとおり、アブラハムとその子孫に対してとこしえに」

マリアはエリサベトを訪ね、「マリアの賛歌」（ルカによる福音書1・46）を歌いました。それゆえ私は「マリアが救い主を祈り求めていた」と想像したのです。マリアが救い主を誰よりも待望していなければ、この「神の母」という仕事を「喜んで」引き受ける筈がないと私は考えたからです。「**わたしは主のはしためです。お言葉どおりこの身になりますように**（**ルカによる福音書1・38**）」。そして、何も知らない全き清い心でしか、これほど大きな役割を引き受けることはできなかったに違いありません。

これは創造主である神が、私たちの為に「救い主」となり、ユダヤ民族と異邦人の血をひく、低い身分のダビデの末裔の処女から、人間と同じ肉体の姿で、弱い幼子として生まれてくださったという実に神秘的な出来事です。マリアが処女でなければ、イエスが聖霊により与えられた神の子である、という証拠がありません。そしてマリアが自分の子を「神の子」と信じていたことにより、イエス（イスラエルの救い）は、キリスト（油注がれた救世主）であることが実証されたのです。

「救世主の誕生」とは「神の独り子」が人間の姿（ペルソナ）にお生まれになったこと、それゆえ人間は決して神にはなれないのです、なってはいけないのです、神のようになると死んでしまうからです。聖母となったマリアの信仰と祈りを想像させるもう一つの祈りは、カトリック教会に古くからロザリオとともに伝えられてきた天子祝詞（アンジェラスの祈り）です。この祈りは決してマリア崇拝ではありません。「イエスが神の子であることの証人である神の母マリアが、イエス・キリストの人生を私たちの心にも思い起こさせ、人間に可能な完全なる信仰で、私たちとともに祈ってくれる」というものです。そしてこれは、私たちの為に祈る母を思い出すことにつながります。私たちがマリアの信仰と祈りに倣うなら、イエス・キリストを救い主と信じることができる、という祈りなのです。

アンジェラスの祈り

主のみ使いはマリアにみ告げを宣べ、マリアは聖霊によって御子を宿されました。

恵みあふれる聖マリア、主はあなたと共におられます。主はあなたを選び祝福し、あなたの子イエスも祝福されました。神の御母聖マリア、罪深い私たちの為に、今も、死を迎える時も祈ってください。

私は主にお仕えする者。お言葉どおり、この身になりますように。

恵みあふれる聖マリア……

言葉は人となって、私たちの内に宿られました。

恵みあふれる聖マリア……

神の御母、私たちのためにお祈りください、キリストの約束にふさわしい者とされますように。主よ、天使のみ告げによって御子が人となられたことを、私たちに知らせてくださいました。どうか私たちの心に恵みを注ぎ、御子の苦しみと十字架を通して復活の喜びに導いてくださいますように、主イエス・キリストによってお願いいたします。

アーメン

マリアとは、どのような女性だったのでしょうか。ダビデの家系につながる処女、まだ、夫ヨセフを知らない少女。マリアは純真な心で神と一体になった為、救い主を宿しました。この純真な心で歴史上、そして世界中の女性の中から選ばれたけれども、おそらくどこにでもいるような平凡な女の子のような姿だっただろうと想像できます。しかし彼女は信仰の模範となりカトリック教会や聖公会のハイチャーチ（アングロ・カトリック）では永遠の処女と言われています。

プロテスタントの中には、「ヨセフとの子どもも産んでいるマリアがなぜ永遠の処女なのか」と批判する意見もあります。しかし私が思うに、マリアのように夫と結ばれる前に神と結婚し、天使の御告げどおりに神の子を産んだ女性は、生涯夫よりも神が大切であることを忘れず、妻より神が大切である夫とともに、神の御心を求めて祈ることができるのではないでしょうか。このような女性は、子どもを産んだ後も神の目には処女のままの心と映るかもしれません。夫ヨセフも世界中から選ばれた、ごく普通のダビデの子孫であり、マリアとともに神の啓示を受けた者だからです。

ごく普通の結婚した夫婦は赤ちゃんが生まれるまでともに待望します。妻は二人分の命の重さと苦しみを感じながら体内の子を育みます。その間夫には苦しむ妻を見守り、助け、一緒に忍耐を経験し、二人の愛の実である子どもの誕生を待つ役目があります。愛とは忍耐でもあるからです。夫より、妻の方が子どもに愛情をもつのは、苦しみの大きさからもわかります。医学の発達していなかった時代は、出産と同時に命を失う母親も少なくなかったからです。妻が命がけで生んだ自分の子を、神の子のように大切に愛し育てるために、夫も妻をいたわらなくてはなりません。自分の子どもがイエス・キリストに倣って生きるのを見るのは、親としての最高の喜びであり幸せです。しかしそれほどまでの信仰を生きる子どもをもつとき、親にも同時に聖マリアと聖ヨセフのような信仰が求められるでしょう。

それでは、男性はどのように自分の子を神の子と感じるのでしょうか？「神の子を宿す」とは、女性のように出産する目的の為だけではありません。妻とともに苦しむなら、夫も妻とともに自分の子どもを神の子のように感じ、宿す体験をするでしょう。そして結婚した男性はイエス・キリストに倣って生きることができるのです。なぜなら男性には結婚で体に変化が起きる女性とは違い、結婚前と変わらない自制が可能だからです。妻からは主人と呼ばれ、家庭という小さな王国？を幸せにするには、妻の意見も取り入れながら、神の言葉を一番大切にし、神の掟を守るのが理想といえるでしょう。

男性が自分の子を神の子のように大切にすることとは、欲望を捨て、誘惑に打ち勝ち、平安に、神の愛を生きようとする人には可能です。つまり、自分の子どもにキリストに倣う手本を示す生き方ができれば可能なのです。また生涯独身の男性も処女マリアのように祈るなら、霊的な力による「ともに祈る友」＝「助け手」が与えられるでしょう。マリアのように神と一つの心となって御心を祈る人となることができるのです。とても難しいことでしょうか？確かにとても難しいことですし、人間の努力だけでは不可能ですが、神に信頼すれば可能なのです。完全な愛を生きるには、私たちが完璧でなくてもよいのです。なぜなら、命がけで神に喜ばれる愛を生きたのであれば、人生の最後に「主よ、すべてを感謝します」と、心から言えるからです。「人生の最後に神を信じよう！」と考える人もいますが、神を知らずに生きてきた人が、人生の最後に神に感謝できる保証はないでしょう。

第五章　キリストの十字架・復活・赦し

イエス・キリストが私たちの代わりに十字架上で背負われた罪とは、どのようなものでしょうか？　私達は確かに警察に捕まり、監獄に入れられるような罪は犯さないように気をつけていますが、聖書は「義人は一人もいない」と言っています。人間の罪についてはローマの信徒への手紙1・18〜32にわかりやすく記されており、具体的には次のように書かれています。「**あらゆる不義、悪、むさぼり、悪意に満ち、ねたみ、殺意、不和、欺き、邪念にあふれ、陰口を言い、人をそしり、神を憎み、人を侮り、高慢であり、大言を吐き、悪事をたくらみ、親に逆らい、無知、不誠実、無情、無慈悲です（ローマの信徒への手紙1・29〜31）**」。新約聖書の「互いに愛し合いなさい」という掟は「愛は隣人に悪を行わない」と言い換えられます。旧約聖書の十戒を守り「姦淫するな、殺すな、盗むな、むさぼるな……」その他の掟を守ることも隣人に悪を行わないことです。

ここで、「むさぼり」の罪について考えてみましょう。「むさぼり」とは、飽きることなく欲しがること、貪欲の極みです。「この世の成功を手に入れる為なら、どんなことでもする」という心からも、貧しさからも「むさぼり」は生まれます。「むさぼり」からさまざまな罪へと陥ってゆきます。たとえば、お金持ちになるため、快楽のために、学歴や美貌、名声、尊敬される立場を欲しがるようになります。本来なら神は悪魔に試みられる前のヨブのように、正しく生きている人には、その人にふさわしい報酬を与えますが、これと似た成功を悪魔も与えることができるのです。悪魔は嘘やごまかしの手を使う人を選び、その人は悪魔に魂を売ることさえ平気でしてしまうからです。キリストが教えるような心、貧しい心で、神から与えられたものがたとえどんなに小さくても、いつも感謝している人とは正反対です。与えられているものに感謝している人は「むさぼらない」からです。

私たちの体が神の宿られる神殿なら、与えられた自分の体を罪で汚してはならないし、病気や障がいのない健康な体に手を加え、人工的に造り変えることは、神がお造りになった美しいものを否定する罪を犯すことではないでしょうか？　そのままで、自分らしいままでよいのに、今の自分に手を加えることは、自分らしさを神に感謝できていないことになるのです。女らしい男でも、男らしい女でもその人らしいそのままの姿でよいのです。このように、無理に男が女になろうとする、女が男になろうとする、また同性や別姓をうらやましがる、異性を見下す、卑しめ、軽蔑する、などという罪を犯さないように、その人らしさを受けとめてあげましょう。

そして自分を美しくないと、嘆くべきでもありません。なぜなら、遺伝的に先祖から頂いた骨格、容姿は変えられなくても、美しい心で生きることで、人は神によって内側から美しくされるからです。私の祖母はこんなことを言っていました。若い時に自分より魅力的な美人はたくさんいたのだと。しかし年を取ってから同窓会に行くと、昔全然目立たなかった人が清く美しい顔をしていると。このようにあなたの心があなたの顔になるのです。私も若い頃自分が醜いと思っていました。けれども虐められた時には聖書を一所懸命読み、心を磨きました。美容整形は一時的に美しい顔にしてくれても、心を美しくするよりも、競争心やコンプレックスを強くしてしまうでしょう。

実は、神の与えてくださったものを大切にしないで、人工的な美しさを求めると、悪魔は喜んで神とは違う美しさをその時にはくれるでしょう。そして常に美しく見せかけることへの欲望の虜にするのです。けれども、まだ若いのに「もう遅い、悪いと知らずにこんなことをしてしまった」と反省する人なら、イエス・キリストは喜んで赦してくださるでしょう。

イエスと母が十字架の道行で出会った時、これらすべてのひどい苦しみは神によって受け止められた。「母がその子を慰めるように、わたしはあなたたちを慰める。エルサレムであなたたちは慰めを受ける（イザヤ66・13）」。イエスは早すぎる死を迎えたすべての子であり、マリアは、子のために深い悲しみにくれるすべての親である」（ティモシー・ラドクリフO・P『救いと希望の道』

33頁)。

ラドクリフ神父が日本人に伝えたいこと、それは私たちの人生の中でイエスとその母の犠牲と苦しみを味わう時に慰められる考え方です。マリアの苦しみは、まだ将来の希望のある最愛の子どもを失う母の、祈る姿に重なります。そして若くして死ぬ運命の子どもたちが、イエス・キリストの生き方に励まされるなら、死の後に復活し、天の国へ行くのだと信じることで、若い死への覚悟と、残された人生を美しく生きる勇気を得る、ということなのだと私には思われるのです。なぜなら修道院には若くして死ぬ運命の修道者もおり、また修道者は若くして死ぬ病者を訪問するとき、このような場面に何度も出合うからです。

しかし、若くして自分の罪の為に死ぬ運命の者が回心せず、イエス・キリストのような人生をめざさず、その母がマリアのように祈らなければ、救い主が来る代わりに、私たちの心が求める程度の悪いものを、悪いまま簡単に赦してくれるこの世の長(カルトなどの教祖になりこの世の成功を簡単に手に入れさせようと誘う人)が現れるかもしれません。悪いこと、だらしないこと、人のせいにすること、なまけること、ずるいこと、悪賢いこと、モラルのない、他人に迷惑をかける、自分の地位や名誉のためには何でもする、このような愛のない、回心せず良くなろうとしない者には、常に簡単で楽な道を教え、悪いことを大歓迎する悪魔しか迎えには来てくれないのです。このような人々は人生の終わりに、人の成功も不幸をもあざ笑うことが止まらないような狂気的な自分の不幸の中から、そして終わりなき苦しみから出られなくなるのです。

イエスは多くの罪人に出会い、また食事をともにしました。取税人ザアカイも、盲人バルテマイも、サマリアの女も、マグダラのマリアも、この他たくさんの罪人たちはイエスに罪を見つけられたのに、裁かれてはいませんでした。いつも赦され、そして次のような派遣の言葉をいただいたのです。「もう罪を犯してはならない。安心して行きなさい」。病人や罪人を赦すイエスを、律法学者や宗教指導者であるユダヤ人たちは「罪人の友」と呼びました。しかし、皮肉なことにイエスを世界一の罪人にするために「ユダヤ人の王」と結局は罪状を書いてしまいました。何者でもない身分で、自分を神（王）とすることは最も重い罪だったからです。そして罪状書きは真実となりました。十字架につけられたのは、ユダヤ人から出た本当の王、神の子だったのです。

私たちは他者をよく知っているかのように眺め、彼らの達成した成功の度合いを量り、またその弱さを記録しがちである。私たちは、欲望だけでなく裁きのまなざしによって人々を裸にする。そして「あの人を隅々まで把握した」と言う。品定めするような他人からの視線の前に、私たちはたじろぐ（ティモシー・ラドクリフO・P『救いと希望の道』61頁）。

イエスを世界一の罪人だと考えた偽善者たちは、穢れた目でしか、イエスと女性たち、男の弟子たちを見ることができなかったのでしょう。みだらな思いで人を見る人には、イエスが神の子であり、三十三歳の年齢に見合わぬ程の人間としての成熟さ、人々からの評判の高さ、罪人や病人から師と慕われる人格を見て、罪人と同じように「罪を犯した経験者だから何でもわかるのだ」と考えてしまったのかもしれません。それゆえ自分たちと同じ人間の姿であるイエスが、罪を犯した経験が一度もなかった事実が理解できなかったのでしょう。

実は、人間を成長させ成熟させるのは、自分の罪をごまかす頭の良さ、要領の良さに磨きをかけることによるものではありません。また、甘えや可愛さで上手く生きてきた人も、幼稚な甘えた顔のままで、成熟した顔にはなりません。イエス・キリストの成熟した顔は、自分のせいではない罪や責任も背負い、忍耐し、人を責めずに愛をもって罪人に同伴し、いつも赦しを与える寛大さから生まれた顔だと言えるでしょう。どんな美形やハンサムもイエス・キリストよりも素敵な「神の子の顔」をしてはいないのです。想像してみましょう。若いのに何もかも見通している三十三歳の神の子の顔とは、どのような顔だったのでしょうか？

罪を赦された者たちには、イエスが自分たちと違うことがわかっていました。ですから「あなたは罪を犯されていないのに、私の友となってくださるのですか？」と驚いたのです。そして「あなたこそ主なる神です」と告白し、罪なき交わりに感謝したに違いありません。この者たちは、この世でイエスと天の国の食卓をともにし、記念の祭りを祝い続ける使命を受けた者たちでした。そしてイエスに従うチャンスのあった人々は十二人だけではありませんでした。イエスに出会って信じた人々、罪が赦された人々もいたのです。選ばれた弟子たちとは、十字架のイエスを見捨てたにも拘らず、それでもまだ最後まであきらめずに、イエスに従った者たちでもありました。迫害者パウロも従ってきました。パウロは自分が迫害者だったゆえに、神を知らないで迫害している異邦人の為の宣教者として任命されたのです。

イエスは私たちのすべての失敗に堅く釘づけられている。期待はずれと見なされるすべての人、親の期待に応えられなかった子ども、弱さをかかえる夫や妻、そして面目を失った神父に、イエスは共鳴する。神に見捨てられたと感じるすべての人をイエスは抱きしめてくださる。イエスの力強い恵みは、崩れ落ちていく自分の人生をどうにもできないと思える全員の中に注がれる。イエスにあってはどんな人生にも行き止まりはない（ティモシー・ラドクリフO・P『救いと希望の道』66〜67頁）。

イエスは自分に従ってくる者たちの罪が一目でわかりながらも、その誰一人をも、汚れた心で裁くことをしませんでした。憐れみの目で慈しみ、優しい言葉で自分の罪に気がつくようにと諭されました。イエスを通して救いの宴に入れられた者は皆、マグダラのマリアや弟子たちのように、もはや自己実現や自分の栄光のためではなく、自分の思いどおりにでもなく、すべてを神の栄光のために、神の御心が成りますようにと、自分自身をお献げして生きる者とされるのです。なぜなら善である神に、悪や罪を愛する回心のない心の者は従うことができないからです。

この世での復活とは、悔い改めてイエス・キリストを身にまとい、新しい自分に変えられて新しい人生を神の栄光を現すために生きることです。これがイエスに倣う弟子の姿であり、聖母マリアの至上の喜びを生み出します。こうして私たちの魂の生まれ変わりであるこの世での再生・復活の後には、み言葉を信じて伝える創造的な日々が始まります。そして死の向こうでは、天の国で永遠に存在する神ご自身であられる「イエス・キリストの顔」に出会うのです。その世界は終わることがありません。死に打ち勝たれたイエス・キリストのゆえに。

第六章　私たちの復活・堅信

全能の神よ、あなたはおとめマリヤを、受肉されたみ子の母として選ばれました。どうかみ子の血によって贖われたわたしたちも、聖マリヤとともに、永遠のみ国の栄光にあずからせてください。父と聖霊とともに一体であって世々に生き支配しておられるみ子イエス・キリストによってお願いいたします。アーメン（『日本聖公会祈祷書1999年改訂版』251頁、主の母聖マリヤ日特祷）。

人類最初のクリスチャンであるがゆえに、信徒の信仰の模範は聖マリアでした。そのため、聖マリアを模範として生きる人々を修道者（神と結婚した者）といいます。聖公会やカトリックでは修道女が聖マリアに倣い、神父となる修道士はキリストに倣います。つまり修道者は信徒の信仰の模範を生きなくてはならないのです。しかし修道者（修道聖職者の場合は別）は、教会付きの牧師とは違う働き方を求められています。修道者は信徒として堅く信じて生きる人生が、どのように幸せであるかを、この世の中でこの世に属さない世界（修道院）で生きています。これは、困難の中にいる者が悪霊に打ち勝ち、神の道を歩めるように励ます助けをする生き方なのです。

神を堅く信じる以外に「神の子」を育てる方法を何一つ知らなかった聖マリア。聖ヨセフと違う点は、イエスが神の子であるという事実に、まったく疑いがなかったことです。処女懐胎の証人であり、成長する神の子を見ながら、常に確信し納得しながら神への信仰を深めてゆくことができたからです。そのためにマリアは、神への揺るぎない信仰を人間は持つことができる、という信仰の模範となりました。マリアは自分の子を神の子と信じ、また自分の子を「私の子ではない」と言えない親のようであり、そして神ご自身もイエスの洗礼の時に「これはわたしの愛する子、わたしの心にかなう者」と言われました。

プロテスタントの世界ではあまり知られていない修道者の世界ですが、神の神秘的な奇蹟の証人となった人は、揺るぎない信仰をもつことができます。修道者以外にもカリスマを持っているクリスチャンもいます。奇蹟を見たり、体験した人々、または大きな過失を赦され劇的な回心を遂げた人々が、聖マリアと主イエスに倣って揺るぎない信仰を死ぬまで生き貫くと聖なる生き方ができ、後の時代に列聖される場合もあります。私たちは聖人に出会うと、人間の力を超えている、神の力で生きているということが、その人からにじみ出る超越した雰囲気でわかるものです。ただし、私たちはこのような人々と似た、しかし惑わす悪霊を用いる偽預言者（占い師、カルト・新興宗教者）を見分け、遠ざけなくてはなりません。

見分け方を簡単にご説明しましょう。新しく生まれ変わった人生を生きている聖人はイエス・キリストを救い主と告白し、悪を喜びません。悪に誘いません。罪から遠ざかって生きています。その人々はたとえこの世で名誉が与えられても、この世で応援してくれた自分の身内、仲間、関係するコネクションのある企業等に感謝するのではなく、いつもまず神に感謝し、神を讃美し、神の名を褒めたたえます。なぜなら神の力で生きており、自分の力で達成できたのではないことを知っているからです。生きるも、死ぬもキリストのゆえに、という人生を生きているからです。この世で復活した者、聖人たちは神の国をめざし、神の国をこの世で生きるために、悪と戦っている強い目をしています。聖公会を含め、プロテスタント教会は聖人に祈ることはありませんが、聖人を信仰者の模範としてキリストに祈ることもできます。

このような聖マリアをはじめ歴史に残る聖人たちは、私たちと同じ人間であり、私たちも聖人のような清い生涯をおくることが可能だということを私たちに教えてくれます。カトリックや聖公会では、洗礼・堅信で教名をいただきます。私たちは自分が尊敬する聖人の名前をもらうことができ、その人を自分の人生の模範とするのです。プロテスタントの人々は、クリスチャンホームに生まれると、聖書に由来した名前を親につけてもらう場合もあります。私はクリスチャンの親から生まれたときにいただいた聖書に由来する名前の他に、聖公会に来て堅信式をした時に新しい教名もいただきました。親からもらった名前は運命的なものですが、新しい教名は私がめざすキリスト者としての生き方です。

聖公会もプロテスタントですが、カトリックのように幼児洗礼も行われてきました。幼児洗礼の場合、他のプロテスタント教派の名前のように、教名が運命的なものとなり、自分の選んだ名前ではなく、親や司祭などから勧められた名前の場合もあります。堅信時に新しい教名を選ぶ自由はなくても、「自分の親が自分をどのようなキリスト者となるように神に祈っているか」を感じることができます。洗礼が自分の意志と関係なく、恵みとして与えられた幼児洗礼者には、堅信式がプロテスタントの成人洗礼のような重みをもっています。

このような場合、堅信式で自分の意志でキリスト者となることを選び、神の宣教に参与する自覚のある積極的なクリスチャンとなるのです。同じような意味で、聖公会以外のプロテスタント教派では、洗礼式が人生に一度行う、自分の意志で決めたキリスト者としての生き方となるのです。教派は自分で選ぶことができますから、プロテスタントからカトリックや聖公会に転会することで、プロテスタントの方々も教名をいただいて聖人を手本とする生き方を選ぶクリスチャンになることも可能です。

第七章　使徒と信徒？

永遠にいます全能の神よ、あなたは使徒聖バルトロマイに、み言葉を信じて宣べ伝える恵みをお与えになりました。どうか主の公会も使徒が信じたみ言葉を愛し、使徒が伝えた教えを宣べ伝えることができますように、主イエス・キリストによってお願いいたします。アーメン（『日本聖公会祈祷書１９９０年改訂版』251頁、使徒聖バルトロマイ日特祷）。

使徒の模範は教師としてのイエスでした。しかし、バルトロマイ（ナタナエル）は、他の弟子のようにいつもイエスとともにいて目立った宣教の働きをしたと、彼の名前が聖書に記されている訳ではありません。それでも聖書のみ言葉の成就を、他の弟子たちと共有する恵みに与ったのです。イエスに出会って信じたバルトロマイは、立派なことをした弟子として聖書に描かれていなくても、イエスに「真のイスラエル人であり偽りがない」と言われました。誠実に生きようとした彼の人生は、イエスと同時代に生きてはいなかった私たちが、偽りなく生きる模範としてもよいかもしれません。

では、使徒と信徒はどこが違うのでしょうか？　修道者は信徒だとご説明しましたが、使徒は祭司職つまり聖職のような、牧師職といえるでしょう。つまり、永遠の祭司キリストの代わりに教会（神の家）で聖餐式を行う者たちのことです。それぞれの教派は聖書の時代から使徒継承をそれぞれの方法でしてきました。プロテスタントの諸教派はカトリックから分かれてプロテスタントになったルーテル派、宗教改革でカトリックに対抗した改革派（カルヴァン派）、そしてその教義や信仰を取り入れ、カトリックの典礼を残した聖公会から派生し、枝分かれしました。それぞれの教派は、それぞれの方法で神から呼び出され、祭司職である神父、司祭、または牧師に任命されてイエス・キリストの弟子になり、信仰を継承しているのです。

聖餐式のない教派は使徒継承に関心がないかもしれませんが、聖餐式のある教派は、聖餐式が「イエス・キリストの最後の晩餐」から使徒たちに伝えられ、守られてきたことを最も大切にしています。それゆえ、洗礼、堅信を受けた者しか聖餐式でパンとぶどう酒（ぶどうジュースの場合もある）をいただくことができないのです。そして、聖餐式を行う神父、司祭、牧師はイエス・キリストが教えられたとおりに、信徒を教え導かなくてはなりません。聖書に書かれているように、主の宮（教会堂）で、主である神に仕えています。

信徒はそれぞれの家庭（キリスト者が二人三人集まりともに祈る家）で礼拝することができます。「**二人または三人がわたしの名によって集まるところには、わたしもその中にいるので**

ある（マタイによる福音書18・20」。このようなクリスチャンホームも教会のようなものです。そして世俗の中のクリスチャンホームには難しい、神に従順な生活を、世俗を離れて生きている信仰共同体が修道会です。

修道会は使徒継承と同じルーツをもち、修道者でありまた司祭や主教でもある人々もいますが、修道者全員が聖職ではありません。修道院という家に共同生活する信徒であり、修道院にはチャペル（礼拝堂）があるのです。教会では洗礼式・堅信式に聖霊を求めて祈ります。それは、キリスト者としての人生が聖霊に導かれるためです。修道者の初誓願式、終生誓願式、また聖職按手式、主教任命式、牧師任命式にも聖霊を求めて祈ります。それは神により選ばれた任務が聖霊の導きに従って正しく行われるためです。

信徒がクリスチャンホーム（二人以上のクリスチャンがともに集う家）に住まう場合、（いつ来るかわからない）終わりの日に備えて、いつも次のような準備ができます。終わりのその日、または災害時に備えができているためには、神とともに聖なる祈りの日々を毎日送っていれば心配がありません。朝起きてすぐに神を礼拝し、夜寝る前に神のみ腕の中に自らを委ねて安心して眠る日々をおくることです。聖公会ではこの祈りをするために祈祷書がプレゼントとして洗礼・堅信時に与えられます。プロテスタントの他教派では、日々のデボーション（献身）のために、祈りの小冊子を買うことができます。このような備えのある人々は終わりの時、また災害時にも慌てることなく、神の守りの中で信頼して過ごすことができるでしょう。

あなたが神の助けを求めているその時、あなたを守る神はどんな顔をしているか、想像してみましょう。

第八章　聖霊による導き

　聖書にはギリシア思想にはない独自な思想があって、それは知恵を探求する「精神」とは異なる意味の「霊」に求めることができる。この精神と霊という二つの概念は、たとえばドイツ語のGeist のように一つのことばに二つの意味が一緒に含まれているように、多義的であって、一義的ではない。同じく日本語の「霊魂」も「霊」と「魂」の合成語であって、二つの意味をもっている。ところで重要なのは聖書がギリシア思想の「精神」とは相違する意味で「霊」を使用していることである（金子晴勇著『キリスト教思想史の諸時代Ｉ』104頁）。

　精神という言葉をイエスは、「主を愛する」為に使われました。マタイ、マルコ・ルカの福音書には「心を尽くし、精神を尽くし、思いを尽くして、あなたの神である主を愛しなさい」とあり、これを英語で読むと、精神はSoul（霊魂）、霊と魂という意味で用いられています。精神（霊魂）を尽くすためには、どのようにすればよいのでしょうか。Soul には「命」という意味もありますから「命を尽くす」と言われれば理解できるでしょう。

「霊の結ぶ実は愛であり、喜び、平和、寛容、親切、善意、誠実、柔和、節制です（ガラテヤの信徒への手紙5・22～23)」。修道院に召命のある人々の中で最も致命的とされている罪は、自己愛(自己中心的愛)です。この愛が過剰になればなるほどナルシズムという、赦され難き罪となりえます。そのため、独身を約束した修道者は回心後に再び自己愛に陥ることのないように生涯、出会う人々に愛を込めて接します。神を愛するとは、まず隣人を愛することから始まり、出会う人々へと向けられます。出会う人々の中にキリストの顔を見、神に出会う経験をするからです。

しかし洗礼・堅信時に神の霊を受けていなくては、神の顔に出会うようには導かれません。この世に属したまま自己をいくら愛し、ナルシズムに浸っても、霊魂が悪霊に取りつかれてしまうだけです。この状態を「精神病」と医学では判断します。霊と精神は同じようですが、この二つには違いがあります。私たちは神から出る聖霊を選ぶことも、悪霊を選ぶこともできるのです。この選び分けをする人間の意志の力が精神力です。精神力が弱いと良い霊を選ぶことができないのです。

悪霊との関係で明瞭となるのは、人間の心には「ものの虜となる」という特質、受動的な心の機能があって、これが霊性の特質となっている。心はその霊性によって諸々の悪霊の虜（奴隷）となることも、神の霊によって新生し、神の子供となることもできる（金子晴勇著『キリスト教思想史の諸時代Ⅰ』106頁）。

では、聖霊とは何でしょうか？　悪霊とは何でしょうか？　私たちが無意識のうちに人生の中で善悪を選択するときに、私たちを導く神の力や悪魔の力と働きのことです。ではいつから聖霊は存在しているのでしょうか？「**初めに、神は天地を創造された。地は混沌であって、闇が深淵の面にあり、神の霊が水の面を動いていた**（創世記1・1～2）」。この箇所から私たちは、神の霊が初めから神の世界に存在するものであったことがわかります。では、天地を創造される神とはどんな姿でしょう？「**神は霊である。だから神を礼拝する者は、霊と真理をもっ**

て礼拝しなければならない（ヨハネによる福音書4・24）」。これはイエスがサマリアの女に、ご自分がメシアであることを知らせた時に語られた言葉です。霊は目に見えませんから、霊である神も見えない存在なのです。

イエスは神をご自分と等しくし、また神と霊も等しくしておられます。これにより、父・子・聖霊が一つであることがわかるでしょう。そして父・子・聖霊の位の中で肉体となった神がイエス・キリストです。「**初めに言葉があった。言葉は神と共にあった。言葉は神であった。この言葉は、初めに神と共にあった。万物は言葉によって成った。成ったもので言葉によらずに成ったものは何一つなかった。言葉の内に命があった。命は人間を照らす光であった。光は暗闇の中で輝いている。暗闇は光を理解しなかった**（ヨハネによる福音書1・1～5）」。

言葉の内に命があり、命が人間を照らす光であるとは？　人間のための光がイエス・キリスト、言葉は神、神の息が聖霊、この三位が一体の神であることを想像してみましょう。創世記で神は「光あれ」と言われました。混沌の宇宙は神の言うこと（神の法則）に聞き従うのです。神の言葉によって世界は創られてゆきます。ですからロゴスという神の言葉は何語でもなく、何語でもあるかもしれません。世界中に通じる言語こそ神の言葉といえるでしょう。神の言葉は誰にでも理解でき、動物にも自然にも通じ、宇宙（天体）をも従わせる言葉といってもよいでしょう。それゆえ宇宙は神の法則に従ってできています。ではなぜ「光あれ」が最初の言葉だったのでしょうか？

こんな疑問を私たちはもちますが、霊に形が無いように宇宙は形が無く動く存在、動くものは生きている存在であることがわかります。そして天体の中で発光する星、燃えても無くならない星が太陽です。太陽のような光がなければ他の星（物体・形態）が存在する必要もないのではないでしょうか？　光と闇によって「物体」が存在する意味があるのですから。神の支配は対象的な世界、光と闇（陰陽）、善と悪、初めと終わりという両極に及びます。これが永遠なる神の神秘であり、私たちが理解できるものではありません。こうして光により神の創造は始まりましたが、その前に言葉が、その前に神の霊があった訳です。それゆえ、すべての命ある生きるものは神の霊の働きに因ることがわかります。このような訳で「聖霊は命の与え主」なのでしょう。

したがって聖書によると霊は人に授けられた力であって、人を生かすのであるが、そのさい神の霊は真理をもって人間を照明し、正しい自己認識に導くと同時に、偽りの祭儀・虚偽の宗教・神に敵対する諸々の霊力から人間を解放し、真実な神との交わりを創造する。というのも生身の人間は自分を超えた諸々の霊力の餌食になっている場合が多いからである（金子晴勇著『キリスト教思想史の諸時代Ⅰ』118頁）。

カトリック教会や聖公会には霊的指導者（スピリチュアル・ディレクター）という仕事をしている司祭または修道者がいます。このような人々は、信徒をこの世の諸々の霊（悪霊）から神の霊へと導く仕事をするための、特別な訓練を受けています。本当はスピリチュアル・ディレクターという肩書をもたず、人に知られないように働くのが最も効果的です。この仕事を成功させるためには、何が神の霊で、何が悪霊であるかを見極め、闘い、打ち勝つことができるように人々を励まし導く力が必要であり、その力を神からいただくために、神に信頼し、すべてを委ね、守る者や誇るものを何ももたない、独身者でなくてはなりません。

このような立場でなければイエス・キリストの名によって悪霊を追い出すことができないのです。独身者でなければ、家族が犠牲になることを恐れるため、または家族を守るがために間違いを容認せざるをえない場合があるからです。この仕事に召される人は、独身の司祭または修道者であり、修道院で訓練を受けます。修道院でなければこの訓練は難しいでしょう。

私は英国の修道院で聖霊を求める礼拝と祈りがあることを知りました。聖霊降臨日以外にも制定されている聖霊を受ける日があるのです。どのような時でしょうか？　修女会議の開かれる時です。この為、修女会議の決議は聖霊の働きに従って決まります。また、英国聖公会では、聖霊降臨日に洗礼・堅信が勧められています。これは、私たちが目に見えない聖霊の働きを自覚する儀式であり、聖霊は常に働いていますが、私たちが意識して受け取らないと、アダムとエバのように悪霊に負け、自分の浅はかな決断や興味、他人の意見にそそのかされて、神の御心を見失ってしまいやすいからです。神から離れた自分とは、それほどにも弱い存在なのです。

「霊」（ルーアッハ）というのは聖書に特有の言葉である。旧約聖書はその冒頭から「神の霊」について語り、神が人間に命の息を吹き込み、霊として創造したと語っている。人間は神のように霊そのものではないが、神から来る霊は人間を生かす力として作用することができる。新約聖書における「霊」（プネウマ）はルーアッハをギリシア語に訳した時に用いられた言葉である（金子晴勇著『キリスト教思想史の諸時代Ⅰ』161頁）。

ここで明確にしたいことは、霊には二種類あり、人を生かし天国へ導く霊と、滅びに向かわせ殺す霊とが存在するということです。創世記に出てくる命の木の実を食べることができない私たちには、地上でそれぞれに与えられた長さの人生の最後に「死」が待っています。しかし、死というものが悪霊の仕業であるとは言い切れません。命の長さを決めるのは神なのです。なぜなら神の霊は神ご自身であり、諸々の霊とは神のようにふるまう悪霊だからです。さまざまな宗教の教祖も、偽キリストも悪霊に取りつかれています。聖書の中で度々イエスは悪霊をしかりつけ、追い出し、人を助けます。悪霊は神のいうことを聞かなくてはなりません。なぜなら神は善であり悪を支配しており、諸霊は神の支配下にあるからです。

そして弟子たちもイエスの名によって悪霊を追い出すことができるようになりました。悪霊に勝利できる人はイエス・キリストの弟子であり、私たちと同じ肉体を持つ神であるイエス・キリストの名によって悪霊と闘うのです。イエス・キリスト以外の名で悪霊を宥めることもできます。キリスト教以外の宗教はこれらの諸々の霊を神々だと信じて使い、悪霊の騒ぎを静めます。悪霊は仲間の霊の言うことも聞くからです。それゆえ聖霊ではない諸霊は、肉欲、好色を神々になる儀式として正当化して使うのです。私たちがこれらの悪霊の最中にいても、恐れることはありません。なぜなら、悪霊は悪霊に勝てないけれども、神から送られる聖霊は悪霊に勝利するからです。

イエス・キリストの名により「悪霊よ、この人から出て行け」としかりつけるには、揺るぎない信仰と愛が必要です。そうでなければ、悪霊は、信仰の弱い私たちをあざ笑い、「おまえのことは知らない」と言うでしょう。悪霊はイエス・キリストには従っても、信仰の弱い者に屈服しません。誰にでもできることではありませんが、心から主イエス・キリストに従い、信じる者にはできるのです。このような働きをする人のほとんどは修道者であり、悪霊追放祈祷師（エクソシスト）と呼ばれています。

第九章　この世の罪と悪霊との闘い

「初めに、神は天地を創造された。地は混沌であって、闇が深淵の面にあり、神の霊が水の面を動いていた。神は言われた。『光あれ。』こうして、光があった（創世記1・1〜3）」。天は天体、闇が覆っていたのは、混沌であった地の面、その奥は深淵で底知れぬ深さだったのです。神の霊は水の面を動いていました。光は神の言葉からできました。光を創ることができるのは光以上の存在、または光そのものかもしれません。神であるイエス・キリストが「わたしは世の光である」と言われたように。天と地は対照的なもの、善と悪のようなものと考えられます。そして「わたしは在る」という神は、すべてを動かす法則そのものといえるでしょう。

「まっすぐな人には闇の中にも光が昇る。憐れみに富み、情け深く、正しい光が（詩編112・4）」。このように、神は私たちの心の中に光を昇らせてくださいます。これは絶望の中の希望となるでしょう。どんなに苦しいときにも悪に心を奪われ、曲がった心にならないために。いつもまっすぐ神に目を向け、正しいことをしていましょう。そうすれば私たちに希望の光が昇るのです、たとえ暗闇に覆われていても。善と悪、光と闇の戦いが歴史の中で何度もくり返されてきました。そしてそれはこれからも何度もあることなのです。

罪とは悪霊の「そそのかし」に聞き従い、誘惑に負ける弱さのことではないでしょうか？悪霊のそそのかしは、愛の為ではない目的をもたせ、自分よりも人を責める心は人の罪を許せない怒りをわきたたせ、自分だけの欲や徳の追及は、安易さや怠け心を駆り立てます。これらは自分自身を徐々に破滅に導きます。では、自分の弱さに打ち勝つ愛の力はどのようにしたら手に入るのでしょうか？たった一人の好きな人を愛する個人的な愛は結婚の為であり、また家族や子ども、友人など、好きな人を愛することは神の愛とは比べられません。神の愛とは人間の好みを超越した愛であり、私たちにできることは、私やあなたの隣にいる人を愛することから始まります。

第九章　この世の罪と悪霊との闘い

神が私たちを愛してくれるような愛は自己犠牲を伴い、自分の好きでない人や、敵までも愛します。これは神の力なしに人間にできることではありませんが、神の助けにより私たちにも可能です。神の助けを祈るなら、愛の働き手となり、聖霊により正しいことができるようになるのです。反対に、自分勝手なわがままな愛では、正しいことはできません。聖書に書いてあるとおり、最後に残るものは愛であり、どんなに正しいことも愛がなければ何の意味も価値もありません。罪と悪の反語は愛だからです。そして愛のための行為は正義にほかなりません。

神はエデンの園の中心に「善悪の知識の木」を置きました。神の創造の初めに光と闇、善悪が置かれたのです。そして命の木も置きました。アダムとエバは善悪の知識の木以外のすべての木からとって食べてもよかったのです。命の木の実も食べてよかったのです。善悪の知識の木から取って食べると「必ず死ぬ」と言われました。創造の初めに光と闇の区別がなかったように、アダムとエバが食べる前、人間は善悪を知らなかったのです。

パウロは後に次のように記しています。「**罪が支払う報酬は死です。しかし、神の賜物は、わたしたちの主キリスト・イエスによる永遠の命なのです**（ローマの信徒への手紙6・23）」。蛇の賢さは神の言葉よりも人間の興味を刺激しました。賢さをひけらかし惑わす生物となった蛇の知恵は、天に属さず地を這う忌み嫌われる生き物として、聖書の初めにこのように登場し、黙示録では年老いた蛇（竜）として悪の象徴サタンとして描かれており、嫌われ者であるこの蛇は、処女マリアに踏みつぶされます。もしかすると、蛇は神が人間に善悪を選ばせるために造った生き物だったのかもしれません。

霊にはいろいろあります。たとえば、聖書には悪霊に取りつかれた人々が登場します。悪霊と聖霊の違いをご説明しましょう。まず、罪は悪霊から出た行為です。そして狂人とは悪霊に取りつかれている人のことです。たとえば、聖書が禁じている罪（「十戒」出エジプト記20・

3〜17、または申命記5・7〜20がわかりやすい）を私たちが知らずに犯してしまった時、悪霊が自分に取りついて誘惑していることに気づくでしょう。その結果、私たちは次のような状態になっています。

「肉の業は明らかです。それは、姦淫、わいせつ、好色、偶像礼拝、魔術、敵意、争い、そねみ、怒り、利己心、不和、仲間争い、ねたみ、泥酔、酒宴、その他このたぐいのものです（ガラテヤの信徒への手紙5・19〜21）」。

このような自分を自覚した時は反省し、良くなりたいという心を神に打ち明け、神に助けを祈りましょう。カトリック教会で「告解・懺悔をしたい」とお願いすることもできます。プロテスタントの教会で牧師に心内を聞いてもらい、祈ってもらうこともできます。どこにも行けず、どんな祈りがふさわしいかわからないときは、イエスが弟子たちに教えられた「主の祈り」を唱えるとよいでしょう。主の祈りにはすべてが含まれているからです。そして神の霊が正しい道へと導いてくれるよう、自分の弱さと闘う力を求めて心で祈りましょう。

十戒

一、あなたには、わたしをおいてほかに神があってはならない。
二、あなたはいかなる像も造ってはならない。上は天にあり、下は地にあり、また地の下の水の中にある、いかなるものの形も造ってはならない。あなたはそれらに向かってひれ伏したり、それらに仕えたりしてはならない。
三、あなたの神、主の名をみだりに唱えてはならない。みだりにその名を唱える者を主は罰せずにはおかれない。
四、安息日を心に留め、これを聖別せよ。
五、あなたの父母を敬え。そうすればあなたは、あなたの神、主が与えられる土地に長く生きることができる。
六、殺してはならない。
七、姦淫してはならない。
八、盗んではならない。
九、隣人に関して偽証してはならない。
十、隣人の家を欲してはならない。隣人の妻、男女の奴隷、牛、ろばなどの隣人のものを一切欲してはならない。

主の祈り

天におられる私たちの父よ
御名が聖とされますように
御国が来ますように
御心が天に行われるとおり
地にも行われますように
私たちの日ごとの糧を
今日もお与えください
私たちの罪をお赦しください
私たちも人を赦します
私たちを誘惑に陥らせず
悪からお救いください
国と力と栄光は
永遠にあなたのものです
アーメン

イエスを愛したマグダラのマリアには七つの悪霊がついていました。しかし、彼女はイエスの愛により、悪霊から解放され、使徒の一人のようになり、死ぬまでイエスだけに従いました。もちろんイエスは一人の女性であるマグダラのマリアを愛した訳ではありません。彼女の「先生」となったのです。私たちはどのような人を「先生」と呼ぶでしょうか?「この人は正しい、このように生きたい」という人生の模範となる人を見つけたとき、尊敬の気持ちを込めて「先生」と呼ぶのです。彼女の人生の中で、「先生」はイエス以外にはいなかったのです。このようにして他の十二弟子と同じような心でイエスの弟子となりました。

イエスは悪霊を追い出した人々に「もう罪を犯してはいけない」「あなたの罪は赦された」「安心して行きなさい」と言われました。罪の赦しと病気の癒しは悪霊の追放と同時に起きています。「この人が罪を犯したからなのか、先祖からのものなのか」と、問われる程の悪霊の強さに対して、イエスは生まれつき目の見えない者にも、罪深い女にも解放を宣言されたのです。ではイエスに出会った人々はなぜ安心できたのでしょうか? 本当の神の霊による悪霊からの解放を経験したからではないでしょうか? このような人々は、もう同じような罪を犯すことがないだろうと思われます。なぜなら、本物の救い主との出会いを経験した者には、偽りの神(悪魔)がわかるようになるからです。このようにして、過去に自分に取りついていた悪霊が来ると、イエス・キリストの名によって、その悪霊との戦いができるようになるのではないでしょうか。

第十章　愛と正義と平和

「若いころの情欲から遠ざかり、清い心で主を呼び求める人々と共に、正義と信仰と愛と平和を追い求めなさい（テモテへの手紙二2・22）」。と、パウロは自らの経験から語っています。そしてパウロが記した最も有名な?·「最高の道」とは、「愛」についての箇所でした。

「たとえ、人々の異言、天使たちの異言を語ろうとも、愛がなければ、わたしは騒がしいどら、やかましいシンバル。たとえ、預言する賜物を持ち、あらゆる神秘とあらゆる知識に通じていようとも、たとえ、山を動かすほどの完全な信仰を持っていようとも、愛がなければ、無に等しい。全財産を貧しい人々のために使い尽くそうとも、誇ろうとしてわが身を死に引き渡そうとも、愛がなければ、わたしに何の益もない（コリントの信徒への手紙一13・1～3）」。

ここでパウロは正義を語っています。正しいことを行う人はたくさんいるでしょう。律法に書いてあるからと、律法を忠実に守り、正義を行う人もいます。正義を行えば評価され、認められ、尊敬されます。そして信仰があれば正義を行うことができるでしょう。確かにそのとおりです。では、なぜ愛がなければこれらの「正しい」ことが神の目に「善い」と映らないのでしょうか？　次に記されていることは、イエス・キリストが私たちのためにしてくださったことです。

「愛は忍耐強い。愛は情け深い。ねたまない。愛は自慢せず、高ぶらない。礼を失せず、自分の利益を求めず、いらだたず、恨みを抱かない。不義を喜ばず、真実を喜ぶ。すべてを忍び、すべてを信じ、すべてを望み、すべてに耐える（コリントの信徒への手紙一13・4〜7」。

この「神の愛」を人間に教えるために、全能で宇宙を従わせている神が、私たちにわかる「愛の模範」を生きるために、私たちと同じように無力な人間の赤ちゃんとして、貧しい処女マリアから生まれてくださったのです。愛のために、人間の間に生きるイエス・キリストとなって。これをどんな愛だと思いますか？　最後には弱さを隠す強そうに見える同胞の人間に裏切られ、十字架にまでつけられて、私たちのために死んでくださいました。

神の愛とは共に死ぬほどのもの、ですから神は愛のために死んでくださったのです。罪が何であるかを知らない罪人のために。世界中の人を救う神は、つまり死に値するほどの罪人を赦すには、代わりに死ぬ。当時、最も極悪な罪人を処刑する方法だった十字架に掛かって、罪人と同じ姿で死ぬ、これが神の愛だったのです。全世界を救うなど、こんなことができる人間は一人もいません。私たちは救世主にはなれないのです。それゆえ私たちはキリストが教えてくださった愛が神の証しであり、完全であるとわかるのです。

「愛は決して滅びない。預言は廃れ、異言はやみ、知識は廃れよう、わたしたちの知識は一部分、預言も一部分だから。完全なものが来たときには、部分的なものは廃れよう。幼子だったとき、わたしは幼子のように話し、幼子のように思い、幼子のように考えていた。成人した今、幼子のことを棄てた。わたしたちは、今は、鏡におぼろに映ったものを見ている。だがそのときには、顔と顔とを合わせて見ることになる。わたしは、今は一部しか知らなくとも、そのときには、はっきり知られているようにはっきり知ることになる。それゆえ、信仰と、希望と、愛、この三つは、いつまでも残る。その中で最も大いなるものは、愛である（コリントの信徒への手紙一13・8〜13）」。

キリスト教の結婚式では、どの教派も結婚する二人がこの聖書の箇所から学ぶように教えます。では、想像してみましょう。結婚した二人が正義と平和を生きようとします。それには何が必要でしょうか？　お互いに正義を振りかざし、「平和になろうよ」と叫ぶことはできます。しかし正義と平和を求めても愛が無ければ、本当にやかましいどらやシンバルになってしまいます。イエス・キリストは愛の神であり、平和の王でした。

旧約聖書では「義の太陽」としてイエス・キリストを待ち望みました。けれども新約聖書では、正義の神とは呼ばれなかったのです。イエス・キリストが私たち人間の価値観で、完全に正義であったら、もし正義を振りかざしたら、この世の罪人はイエスにより赦される筈がありません。罪人を赦すには、「無罪の神が、罪人と等しく扱われる」というこの世の正義に矛盾した、愛ゆえの神の正義が必要だったのでしょう。キリストは十字架上で神に何と祈ったでしょうか?「**父よ、彼らをお赦しください。自分が何をしているのか分からないのです**（**ルカによる福音書23・34**）」。

ダイモーンという言葉はダイモネスという（男性複数）形でも、ダイモニアという（中性複数）形でも語られているが、その場合は、ただ邪悪な霊を意味している。他方、ダイモーンという名称の由来そのものは、もし聖書に目を向けるならば、ある考慮すべき事柄を告げる。ギリシャ語のダイモーンは知識という意味でそう呼ばれている。しかし使徒は聖書によって次のように語っている。「知識は（人を）誇らせ、愛は（徳を）建てる」と。この句の正しい理解は、愛がその中に宿るときにのみ知識は役立つという意味である（金子晴勇著『キリスト教思想史の諸時代Ⅰ』95頁）。

このダイモーンを英語ではデーモンと発音します。その意味は悪魔（悪霊）です。私たちが知識をむさぼるようになると、人からの賞賛を受けたいという欲望に取りつかれます。このように自分を価値ある存在だと認められたいという欲望が人間の弱さとなるのです。貧しい者は富める者になろうと、必死でこの知識を獲得し、この世での成功を手に入れようとするのです。しかし、神からの賞賛や成功はそれを受けるに相応しい謙遜な者に与えられます。

知識だけで愛がなければ、世界を滅ぼす方法を発明発見することもできるでしょう。しかし知識にキリストの愛が加われば、世界は創造的になる（徳を建てる）のです。悲しいかな、知識そのものだけでは何の役にも立たちません。これを良きに用いてくださるのは神なのです。しかしそしてこれを悪賢く用いるのは悪魔なのです。知識を手に入れるときには、その目的が愛のためでなければ、悪魔の誘いに打ち勝つことができません。愛がある知識はすばらしいものです。このように私たちが知識を祈りに役立てるなら、ともに神の創造の世界の一部として、神の創造の業に参与することができるのです。

神はソロモンが国民を正しく裁くために知恵を求めた祈りを大変喜び、彼が求めなかった他のものすべてをも与えました。しかしソロモンが直面した空しさは「何もかも持っていて、何もかもできる」ことからきています。これほどの誘惑（神のような力を持つこと）は、考えられないでしょう。思い出してみましょう。人類最初の罪は善悪の知識の木の実を食べたことでした。「それによって目が開かれ神のようになれるのだ」という蛇の誘惑に負けたことでした。

キリスト教にも知識を重要視するグノーシス派という異端がありますが、私にも似たような経験があります。神を学問で学び、神学を学び始めたとき「神は結局いないのか？キリストはどこにいるのか？」という壁にぶつかりました。キリストを否定する神学もあるからです。その状態から修道院で聖マリアのような単純な信仰の道を歩み始め、再びイエス・キリストに出会うことができたのです。処女マリア修道院はキリストなしには存在できません。なぜならキリストは処女マリアなしには存在しなかったからです。

正義のための知識も、平和のための知識も、結局は愛のためでなければ何の意味もありません。私が修道院で体験した本当の愛とは、実に目に見えなければ見えないほど素晴らしいものでした。形や、値段はともかく、温かい心が感じられればよいのです。そして愛はともに苦しみ、ともに喜ぶものですが、愛の業を行っている時、愛の為の行いが隠れていて、その相手が目の前にいない方がよいのです。隠れて善い業を行うあなたの姿は、神だけがご存じであるからです。

そして目の前に愛する者がいる場合には笑顔がすべてを語り、言葉がいらないほどのものです。愛する人と、ただ一緒にいるだけでも勇気が必要な相手も場合もあります。キリストは私たちとともに十字架という最も恥ずかしい所まで来てくださいました。Humiliation（辱めを受ける）、それは謙虚な神の愛でありHumility（謙虚さ）、同じ人間になることとHumanity（人間性）だったのです。それがイエス・キリストの教えてくださる愛であり、ともに耐えしのぶものです。逃げてしまいたい現実の中にいる者に寄り添うことです。そしてともに恥ずかしさを味わい、ともに軽蔑を受けても正しいことを続け、ともに弱さを克服することです。人間になった神、イエス・キリストの愛とは、罪人と一緒に十字架に掛かり、ともに侮辱され、罪人を復活へ導く、このようなものでした。

第十一章　慈悲と憐れみ

「わたしたちの救い主である神の慈しみと、人間に対する愛とが現れたときに、神は私たちが行った義の業によってではなく、ご自分の憐れみによってわたしたちを救ってくださいました（テトスへの手紙3・4～5）」。

私たちは自分がいかに弱いかを知っているでしょうか？　良くなりたくてもどうしたらよいかわからず、今までの自分から変わることができないことはありませんか？　聖書によると、他力本願の救いを信じる日本人にも救われる道はあるのです。それは自分の行った善い業によって救われるのではなく、イエス・キリストが愛と正義と平和の神であり、「救われ難い私たちでも、イエス・キリストは憐れみによって私たちを赦し、義としてくださるに違いない」と信じることで救われるのです。このような心の人は「恵み」として「洗礼」を受けることができます。愛と正義と平和の神であるキリストを信じることから、キリスト者として神とともに歩む幸せな人生が始まるからです。

愛ゆえの正義を生き、愛ゆえの平和を実現した方、このイエスこそが神の愛を生きたキリストです。私たちはイエス・キリストを模範として努力しても、到底及びません。しかし、無理だとあきらめて怠惰で楽な、罪人のままでいて幸せでしょうか？　実は罪人として罪にまみれて生きるのが楽だと未熟な頃には思っても、いざ罪の世界の住人になってしまうと、生き地獄の方がつらいことがわかるでしょう。そして罪にまみれていると、正しい人たちの集いに入れなくなるのです。

私たちがクリスチャンになるということは、実に単純な「教え」（新約聖書の出来事）を信じることなのです。教えとは、イエス・キリストが語られたこと、行われたことであり、それを純真な心で信じることです。新約聖書には旧約聖書に書いてあるとおりに、イエス・キリストが律法に従って生きた事実が記されています。イエスは旧約聖書と同じ律法を守っていますが、旧約聖書時代の律法学者たちの解釈とは違い、ご自分の人生をもって証しした、新しい愛の掟そのものでした。言い換えれば、イエス・キリストが私たちに聖書がわかるように、聖書を生きてくださったのです。旧約聖書をイエスがどのように理解し私たちに伝えたのかを、新約聖書で学んでから旧約聖書を読むと、旧約聖書がよりよくわかるかもしれません。

私たちが正義だと思っている行いの中で、神の目から見て本当に正しい行いは、人生に１回あるかないか、かもしれません。なぜなら私たち人間は弱く、完全ではなく、すべてを正しく生きられる訳ではないからです。「義人は一人もいない」と聖書で言われているとおりです。私の過去を見ても、正義をふりかざしたのは、自分の都合のため、自分の弱みを指摘されないため、自分を正当化するため、相手の意見をよく聞いていないためがほとんどでしたが、イエスは慈悲と憐れみにより、私を優しく教え諭してくださいました。イエス・キリストの慈悲と憐れみがなかったら、不完全にしか愛せない私たちが、神の国に入ることは難しいのです。

私たちは、慈悲深いイエス・キリストの憐れみと深い愛により赦されるなら、自分一人ではできないことが可能になります。自分の弱さ、たりなさを痛感しながら、それでも「できた！」というようなことが起きると、私の主、イエス・キリストに感謝し、神を褒めたたえずにはいられないでしょう。私の力では無理だと確信できる程のことが、可能になったのは、まさに神の愛ゆえの慈悲と憐れみのおかげだからです。自分の罪を認め、悔い改め、慈悲と憐れみの心で人の弱さと罪を裁かないとき、神の国を自分が体験していることに気づくかもしれません。私たちは自分に害を与えた人々（隣人）の間違いを赦すことはできますが、出会ったこともなく、自分に害を与えた訳ではない世界中の罪人を赦すことはできないのです。これは人間の姿になられた唯一の神、イエス・キリストだけがおできになることです。

旧約聖書のヨナ書（旧約聖書の後ろから八番目）はたった四ページの短い書ですが、神の慈悲と憐れみとはどんなもので、「神の国とはどんなものであるか」を学ぶときにわかりやすい書です。

ヨナは神により、ニネベという大いなる都に行って、神から与った「滅びの宣告」をするように言われました。ヨナは主から逃れようとして船に乗りました。しかし、海が大荒れとなり、乗っていた人たちが「誰のせいで海が荒れているか」を知るためにくじを引くとヨナに当たったのです。ヨナは自分を海に投げ込めば、海が静まると言いました。ヨナが海に投げ落とされると、神は大きな魚（クジラだと言われている）にヨナを飲み込ませ三日間反省させます。ヨナはもう一度、主に従うチャンスを与えられます。

ヨナは魚に吐き出されると、ニネベに行き、神の宣告「四十日すればニネベは滅びる」を叫びました。ニネベの王はこれを聞き、全国民に回心するように断食を命じたのです。そして神はこの滅びに値するほどの悪に染まった国に、災いを下すのを止めてくださいました。しかしこの書には、国民が正しくなり、正義を行ったから救われたとは書いてありません。まだ罪の中にあり、右も左もわからぬまま、しかし、荒布をまとい、四十日断食することは、ユダヤ人の悔い改めの儀式と同じでした。このように悔い改めた民を赦したのは、ただ、慈悲と憐れみによる以外には考えられません。

ヨナは正義の人だったために、神からこのような仕事を委ねられたのかもしれません。しかし、ヨナはなぜ神から責められたのでしょうか？　ヨナは自分さえ助かればよいと思っていたので、この任務から逃げたかったのかもしれません。ニネベが裁かれることは自分とは関係のないことだと思って、無関心になっていたのかもしれません。そして、自分に与えられた任務に忠実に神に従わなかったという、自分の罪に気づいていないどころか、自分への神の恵みにも気づかず、感謝もせず、神がニネベを裁かないことに不平不満を言う程度の人になってしまったのです。私たちが正しいとき、「裁く」という罪を犯さないように注意しなければなりません。なぜなら私たちは皆、神の慈悲と憐れみで生かされているからです。

新約聖書でイエスは私たちの罪の為に四十日四十夜断食して祈った後、十字架に掛けられました。イエス・キリストは、慈悲と憐れみによる大いなる愛で、私たち世界中のすべての民を憐れみ赦されたのです。「神の国」はそのようなとき、神を信じる者に来るのです。しかし、たとえば日本国民全員が「主よ、憐れみたまえ、キリストよ、憐れみたまえ」と祈る日は来るのでしょうか？　国民全員が神を信じ悔い改めたなら、神が地震を起こすことを思いとどまるでしょうか？　もちろん、神には地震を止めることがおできになるのです。しかし私たち全員が同じタイミングで回心できることではないのです。なぜなら神は奇蹟を行って、強制的に私たちの心を私たちの意志に反して、正しくするようなことはなさらないからです。

第十一章　慈悲と憐れみ

英国が国教会になった例から学ぶなら、国民全員を強制的に国教会信徒にした英国には「自称クリスチャン」はたくさんいますが、今ではその一パーセントしか教会に来ません。神も人も自主性を喜び、強制を嫌うのです。英国が国教会になってから信仰深い熱心なクリスチャンの働きが多くあったにも拘らず、戦争犠牲者はなくならず、黒死病もペストも国を脅かし、奴隷や人種差別もなくなりはしませんでした。それほど救いとは強制的にもたらされるものではなく、信じる者は少ないのです。しかし幸いなことに、神を信じる者にはふさわしい報酬が神から与えられます。それゆえ英国は王室が国教会を、そして国教会が王室を守り続けているのです。他の人の心は変えられなくても、私たち一人ひとりが神の慈悲と憐れみを求めることで救われるのです。

第十二章　神の国

神の国がこの世で実現することを祈りましょう。しかし、どのように祈ればよいのでしょうか？　主イエスは「主の祈り」を弟子たちに教えられました。この祈りは神の国をこの地上で体験させてください、という祈りです。では、神の国とはどんな国なのでしょうか？　この地上で神の国の人になると、もう自力で生きてはいません。私が出会った九十歳の修道女はこのように言っていました。「年を取って何もできなくなった。もう自分には何の力もないことがわかるの。それでも毎日、このように生かされ、働きを続けられるのは不思議。『私は神の力によって生かされている』と、しみじみ実感するのよ」。こんなことを言ったのは、天国に半分足を踏み入れているような、弱くて折れそうな体の、しかし心の強い方でした。

もしかすると、このように悟るのは若い人には難しいのかもしれません。しかし、神を信じて生きている障がいをもつ者、弱い者や病者、高齢者には当たり前のことのような「神の力」によって生かされていることを体験する日々。自分に力や能力があれば、「できたのは自分の努力の結果だ」と、つい自分を信じてしまうものです。私は絵描きですが、といっても職業は大学職員、ＯＬ、デザイナーでしたから、絵を描く暇などほとんどありませんでした。絵を描いて生きられるほどのお金持ちではなかったのです。しかし最近時々不思議な体験をします。一番能力がないと思われるときに、一番素敵な絵が描けるのです。そんなとき、私も「神さまが与えてくれた能力だ！」と実感します。明らかに私が考えて描いたものではないからです。十六歳の私が張り裂けそうな心で涙を流し、言葉を失いながら描いた絵も、「すごい、描いたのは私ではないみたい。いったい誰が描いたのか？」と思える、不思議な力によりできた絵でした。

私たちが神の力に頼ろうと心から思うときとは、すべてを失い、希望のないときかもしれません。そしてそれでも神を呪わず、神に依り頼み、信じる以外に道がないときではないでしょうか？　ヨブ記には、義人ヨブでさえ、すべてを失ったときに、神に不平、不満をぶつけ、自分の出生が呪われるべきだと考えた、と記されています。自分のせいではないのにすべてを奪われ、全身が病に侵されたヨブですが、最後は神の偉大さを認め、自分を正しいとすることを止め、神の御前に謙虚になり救われたのです。

さて、話がいつもアダムとエバに戻りますが、善悪の知識の実を食べる前の二人は、何の苦労もなく何も心配せず、食べる物も着る物も心配せず、与えられたエデンの園で幸せだったのです。エデンの園は神が支配していた地上における神の国のイメージ、「神に頼って養われる国」と考えてもよいでしょう。実は黙示録を読むと、創世記との共通点が多々見つかります。不思議なことに黙示録の描いている世界は、創世記の扉を再び開けるように感じられます。なぜでしょうか？　さらに不思議なことにカトリック、聖公会、ルーテル教会で用いられる聖書日課は三年で聖書を全部読めるように編集されています。聖書のみ言葉を信じている人が、自然に聖書の中に流れる神の時間を体験することができる為でしょう。

私たちは聖書の世界の終わりに、私たちの人生の終わりに天の国へ、この世で何もかも失いつつあるときに神の国へ行きたいと願います。「神の国」それがどこにあるか、弟子たちは知っています。キリストが王となり支配している国です。キリストと一緒なら、この世で神の国を生きることは、実は不可能ではないからです。私たちの心を支配する王がキリストであるなら、いつも私たちが生きているこの世が、神の国となるのです。「ああ、あの人は神の国の人だな」というクリスチャンに出会うことがあります。私はそんな修道女や修道士がたくさんいることを知っています。何も持たずに養われ、この世のことを心配する必要のない人々には「神の国」が体験できるのでしょう。

聖アウグスチヌスは、有名な「神の国」という本を書いています。彼の体験した神の国には、私が理解している神の国のイメージよりも深く、より多くの悪霊との戦いの経験が記されています。私とは人種も、時代背景も、生きてきた人生の歴史も、そして性別も違うからでしょう。私たち日本人が聖書を読むと、いつどのように神の国が来るのかが、雲の中でおぼろげに見えるように聖書は語りかけてきます。おそらく、日本人がすべてを失うほど絶望したときに、神を求めるなら、そのときこそが、神の栄光を皆で体験する可能性のあるときだと言えるでしょう。しかし、これは国家に強制されてできることではありません。キリスト教の価値観を国民全員に押し付けることができるでしょうか？　確かに第二次世界大戦後に日本にはキリスト教のリバイバル運動が起きました。しかし日本人全員がクリスチャンになった訳ではなかったことを覚えておきましょう。

しかし、誇るものも、お金も、持ち物もなくなり、そして善意のある豊かな者も貧しく慎ましく生活し、持ち物を皆に分け与えるなら、修道士や修道女のように共同体で神に頼ろうとし、清貧、貞潔、神への従順を生きることができる可能性があるのは事実です。このように生きる人々は、それぞれ山上の説教（マタイによる福音書５・１〜７・29）のような体験ができるかもしれません。そして他の豊かな国にはない、真心からあふれ出る豊かさが体験できるチャンスとなるかもしれません。そして神の恵みの豊かさとは、幸せとは、実は富んでいる時には感じられないものかもしれないのです。強欲に支配されると常に不満が湧いてくるものです。私たちは心を豊かにするために、富んでいても貧しく慎ましく、感謝して生きることもできるのです。

お腹の空いた五千人の給食の話を思い出してみましょう。この五千人とは男性の人数ですから、女性、子どもをも数えるなら一万人を超えたかもしれません。さあ、このようなときには五つのパンと二匹の魚をイエスに差し出した子どものような勇気をもちましょう。この子よりもたくさん持っていた大人たちはどのように行動したでしょうか？ 最後に集めた十二の籠がパンでいっぱいだったのはなぜであるか、考えてみましょう。豊かになるためにできることとは、たとえこれしか持っていない能力や物であっても、勇気をもって神にお献げすることから始まります。

神があなたに与えてくれている賜物は何でしょう？「これが得意！」または、「貧しくてこれしか経験がないけれど、この分野には詳しい」ということを一所懸命勉強し、努力して、その分野で世の中を善くする何かの役に立つ仕事ができるようになったなら、あなたはその分野での実りを神に感謝してお献げすることができるのです。しかし、いくら「これが得意！」という分野があっても、この世の中を善くする仕事でなければ、自分のわがままな世界で悪魔を喜ばせているだけにすぎません。

このように神を信じる人々は神の国を求め、キリスト教の教会に集うでしょう。なぜなら「道であり、真理であり、命であるキリスト」をとおして以外には救いがないことを知っているからです。その時には、絶望に襲われ溺れ死ぬ人、憐れみの中で生かされる人、生き残っても不安と恐怖にさいなまされ続ける人々、自分の持ち物を皆で共有して心豊かに暮らす人々、さまざまです。そのとき、歴史の中で私たちが太平洋戦争を体験したときに似た、苦しみと復活が体験されるでしょう。そのときにどのようになるかは、聖霊に導かれて聖書を正しく読む人には明らかにされるかもしれません。しかし同時に、偽預言者やカルトがこぞって預言書の解明をしようとします。このときはまだ、世の終わりではないでしょう。このことも聖書の中で預言されているのです。

そして神の国はここにある、あそこにあるというものではありません。いつ来るかがわかるものでもありません。しかし、聖書に書かれているとおり、「私たちの中に在ること」を体験するものです。神の国は強欲や、わがまま、賞賛や見返り、報酬を求める自己中心的な世界とは全く逆です。イエス・キリストはこのようなとき、私たちがどのように生きれば、喜んで「よくやった。良い僕だ！」と言ってくれるでしょうか？　このように問いながら生きることが大切です。神の国では、富んでいる者は自分の持ち物を分かち合い、貧しい者とともに貧しくなり、貧しい者は与えられ、感謝の心で富む者と等しく幸せを体験するのです。

しかし、今から愚かになってはなりません。この世の終わりではなく、この国がまだ貧しさを隠している時に、キリスト者全員に「無一文になりなさい」と言っているのではありません。無意味に自分の貯金を無駄遣いし、意図的に貧しくなり、働かずに楽に食べて行ける方法を探すことによって、神の国が体験できるのではありません。そのような下心で安易な考えを多くの人がもつなら、福祉国家になるどころか、国は共産国のように国民が働かなくなり、ますます貧しくなり、多大な負債を抱え悪魔の誘惑を受けることになります。それぞれに与えられた能力で働ける道を探し、日々の糧を得る努力をしましょう。

あなたが豊かなクリスチャンであるなら、キリスト教国の豊かなクリスチャンたちのように、神に感謝する十分の一献金を心がけ、そして貧しい心で貧しい人々のことを考えながら、与えられている恵みに感謝し、贅沢を謹んで日々の生活をしましょう。その上で有り余る豊かさを、神のためにお献げする善意をもつことが大切です。なぜなら貧困の時代の中では、私たちは助け合わなければ生きていけないことを実感し、お互いに心から喜んでそのようにするからです。

与える者も、受ける者も心から喜んで与え合うとき、私たちは神の国にいることがわかります。その時を今から予測して、準備をしようとするなら、聖書を読み、教会に集い、自分の内にイエス・キリストを招き入れ、キリストが自分の心を支配してくださる生き方をし、悔い改めによる新しい復活の命を生きながら「その時」を待ちましょう。これが私たちにできるアドベントなのです。その時に備えて教会という名の建物の中にいることができなくても、たとえ日曜日にも勤務がある、または入院中の身で毎週教会に集うことができなくても、イエス・キリストを神と信じる者二人三人とともに、または病院を訪ねてくれる神父や牧師とともに、たとえあなた独りしかいなくても、あなたの内にイエス・キリストを招き入れ、イエス・キリストと二人になることも可能です。そして毎日聖書を読み祈ることは、どこにいても誰にでもできることです。

このような自分独りだけの時にできる神との交わりを黙想と言います。聖書のみ言葉を読み、読んだ言葉の中で自分の心に語りかけてくる、あるいは印象的な言葉があるなら、その言葉を一日中想い廻らせて、その言葉を生きるようにする祈りです。もし、黙想について学びたいなら、カトリックや聖公会、ルーテル教会、東方正教会の神父や牧師、修道者、霊的指導者に教えてもらうとよいでしょう。黙想の中では、イエス・キリストと親しく話をすることができるからです。

第十三章　黙示録・アルファとオメガ

「この書物の預言の言葉を、秘密にしておいてはいけない。時が迫っているからである。不正を行う者には、なお不正を行わせ、汚れた者は、なお汚れるままにしておけ。正しい者には、なお正しいことを行わせ、聖なる者は、なお聖なる者とならせよ（ヨハネの黙示録22・10〜11）」。

ヨハネの黙示録は、ヨハネがパトモス島に送られ、神から受けた啓示により書かれたものです。その後を生きたさまざまな聖人たちも黙示的神学を体験し書き残していますが、聖書に残された黙示録がそれらの解釈を聖人たちに可能にしたのでしょう。私たちは聖人たちが自身の霊的体験から書き留めた神学が、霊により支配され、歴史が形作られていくことを知識によって解明することができずに生きています。まさに時代ごとに創世記から黙示録までのサイクルを何度もくり返す歴史の中で、聖書が悪の世界との戦い方を私たちに教えてくれているので、私たちは次なる新しい時代を生きることができます。しかし、書かれていることが、ことごとくすべて起こるまでは、イエス・キリストの最後の再臨は起きません。キリストはただ一人、ただ一度人となられ、再臨するキリストも同じ神であり、同じ姿で再び来られます。

私たちが知らなければならない大切なことは、私もあなたも唯一であるということ、「私などいなくても世界は変わらない」と思う気持ちを捨てることです。なぜなら、世界中の人が、「私などいなくてもよい」と思うなら未来など必要ないからです。「私は誰からも必要とされていない」という気持ちも、「私など死んだ方が、皆が幸せになる」という気持ちも、創造的（クリエイティブ）な考え方ではありません。人は創造的にも破壊的にもなることができるのです。創造主は神、破壊者は悪魔です。聖なる神の霊と悪霊とを識別し、良い方を選ばなくては、この世界は終わりに近づくばかりです。こんな小さな存在のあなたが悪を選ぶことで、世の終わりを引き寄せることもあるのです。

聖人の中には死に至る病気を患い、短命だった人々も多くいます。もし、あなたが、死に至る病にかかったら、聖人伝を手に入れ、読んでみるのもよいでしょう。彼、彼女らは、残された人生を神にお献げしたことにより、創世記から黙示録にいたるまでを聖霊に導かれて霊的体験をしながら神の国への道を歩んだ、模範的信徒たちだからです。悪霊に取りつかれて、自虐的になるのは簡単ですが、聖霊を求め、悔い改めた残りの人生を神にお献げするなら、こんな小さなあなたのおかげで歴史は大きく好転します。聖人たちはまさに暗い時代の中で、光のように正しく神の義を求め、その時代の人々に神の偉大な御業を証しする役割を担い、歴史の中でキリストの光を求め、キリストを内に住まわせ、輝く人生を全うしたのです。

聖人たちの過去の失態や悪口を言い、書き連ねる悪魔もいるでしょう。しかし、神が喜ばれるのは、砕けた魂、悔い改める心です。この小さな私という目立たない存在が、キリストを証しする者として召し出され、歴史を善く導く霊を神から受ける者として用いられることも可能なのです。罪深い、また昔愚かだった私やあなたも、今愚かになってはなりません。最後の息を引き取る、この地上での人生の終わりまで、神の国を生きるチャンスが誰にでもあるのです。聖人は特別な人ではありませんでした。神の霊に導かれるなら、あなたもそのように生きることができるのです。

アルファとオメガ。始まりと終わり。あなたはどちらを選びますか？ どちらも神の支配する世界に在るものです。神の永遠なる世界では、それがくり返しいつまでも続くのです。死ぬか生きるか、善くなるか悪くなるか、神はあなたが選び取るようにと言っています。そして、あなたが過去の自分の過ちに気づき、悔い改めて善い生き方を選ぶまで、神は忍耐強く待っていてくださるのです。初めがあり、終わりがあります。しかし、人生の終わりについては、神の許しが無ければ、どんなに死にたくても、神が「もうよい」という時まで、死ぬことすらできないのです。ですから、私たちは命の長さを自分で決めることができないのです。私たちは自分で生きているのではなく、生かされているからです。そして神を信じる者には、イエス・

キリストを通して、死後の復活が約束されています。黙示録にあるように、その世界にはもう涙はなく、苦しみもありません。神の光に照らされる私たちの心には暗闇が全くないからです。

「見よ、わたしはすぐに来る。わたしは、報いを携えて来て、それぞれの行いに応じて報いる。わたしはアルファであり、オメガである。最初の者にして、最後の者。初めであり、終わりである（ヨハネの黙示録22・12〜13）」。

第十四章　勝利の王キリスト

イエスと名付けられた者はたくさんいました。しかし、勝利の王となった者をキリスト（油そそがれた救世主）と呼ぶのです。キリストとなったイエスは、過去にも未来にも歴史上イエス・キリストだけです。勝利の王キリストにはもう一つ愛なる名前があります。「殉教者の王」という名です。私たちの知る、日本人で聖人とされたほとんどの人は殉教者でした。ですから日本人が殉教する聖人となることは神から賞賛されることであり、恥ではありません。日本の殉教者をハラキリ・ジャパニーズと笑う人もいたかもしれません。しかし殉教と腹切りは違うのです。己の恥を嫌い、名誉を守る為、残される者たちのことなど考えずに命を絶つ「腹切り」と、正義のために悪の力を恐れず、気高い精神で神の栄光の為に死に至る「殉教」との違いです。

実は、本当にイエス・キリストを信じていなければ、殉教などできないのですから、日本にはイエス・キリストの愛に倣った本当のクリスチャンがいたことがわかります。クリスマス後の最初の祝日となった、聖ステファノはイエス・キリストの後、歴史上最初の殉教者となりました。彼は「主よ、この罪を彼らに負わせないでください」と、イエス・キリストと同じような言葉を残して命を絶たれました。自分を殺す者を呪わないことによって、彼らの回心のチャンスと救いの可能性を奪わなかったのです。

勝利とは何でしょう？　愛とは何でしょう？　迫害され、苦しめられ、それでもイエス・キリストは主であると告白し続け、最後まで正義を行われる神に信頼することではないでしょうか。善を行い死に打ち勝つこと、これが勝利であり、そこに愛がなければ何の模範にもなりません。私たちが心から深く理解できるものとは、死ぬほどの愛だからです。「あなたを愛する誰かが、あなたの犠牲になって死ぬ」これほど苦しい出来事はなく、しかし私たちを大きく変える愛はありません。私たちが愛する者（両親や結婚相手）を失ったとき、初めてその人の愛がわかり、そのたとえようもない寂しさと喪失感を乗り越えて神に頼るとき、失った大切な人の愛はあなたを強め、励まし、生かす原動力となるでしょう。

イエス・キリストは「私は神である」とは言いませんでした。「それはあなたが言っていることです」と言われました。十字架の上で光輝いて天に昇ったり、十字架から魔術師のように飛び降りたり、人々を驚かせる方法で死から逃げる奇蹟を行うような、人々が期待していたような、神らしきことをして自分を救いませんでした。自分自身の救い主ではなかったからです。最後まで神であることを隠したまま、人間の姿で磔にされたのです。正しい者が、みじめな人間として、ボロボロになって、ののしられて、ぶざまに死んでゆく。全能の神が、自分が神であることに打ち勝ち、人間と同じく死ぬなど、考えただけでありえないと思われることです。こんな神だから私たちを救えるのです。このような愛のある王がかつて存在したでしょうか？　歴史上、やはり最初で、最後なのです。イエス・キリスト以外には、いままでも、これからもいないからです。

私たちがこのようなキリストとともに自分の弱さに打ち勝ち、天国への道を歩む時とはどんな時でしょうか？　まず、自分は逃げることができる人でなくてはなりません。本当は逃げて助かることができる身分なのに、今死にゆく隣人を見捨てることができずに一緒に死んでしまう、または、その人は助かっても自分は死んでしまう。このような場合、私たちは殉教者です。私たちは神ではないから自分の命を救えないのです。自分の罪のために死ぬのは当然です。これはイエスとともに十字架にかかった罪人も言っていた言葉です。しかしこの罪人は、自分を罪人だと告白し、イエスを神と信じて憐れみを請い、赦されました。

そしてイエスは、一緒に十字架につけられた罪人から「この人は死に当たることは何もしていない」と言われたように無罪でありながら、しかし罪人とともに死んでしまいました。私たちがこのようなキリストに従った場合は、キリストに倣った勝利者となるのです。このようにして死ぬ場合、もう死は怖くないものに変えられるでしょう。イエスさえも怖かった死でしたが、イエスは約束どおり、私たちに復活の姿を見せたことにより、死を怖がらなくてもよいことを教えてくださったのでしょう。それゆえ弟子たちは復活の証人となったので、死を怖がらずに殉教ができたのでしょう。弟子たちはキリストに従って勝利者となり、聖となって「神の国」を見つめながら、まっすぐに天に上る精神を生きたのです。人間を愛するがゆえに、天国へ導いてくれる神、それが神の子イエス・キリストだったのです。

エピローグ

この世の終わりに救い主が来る時はまだ来ていません。聖書の言葉がすべて実現するまではその時ではないのです。それにも拘らず貧しい国の人々は「千年王国の追及」のように今がこの世の終わりで、偽メシアが現れ、魔術を行い、悪人や罪人が救われる、と考えたいのでしょう。そのような時代は過去にも何度もありました。良くなろうとしない悪人は裁かれると考える説にもいろいろあります。このような聖書に因らない説に振り回されないよう注意しましょう。明白なのは、神は良くなる私たちを待っておられるということです。

しかし私たちの目にも、この地球は悪くなるばかりだ、という状態がまだ続くのです。一見平和に見える世界とは、悪霊に媚び、妥協している世界です。騙されそうになるほど、表面や見た目が美しいものを警戒する必要があります。聖書は白く塗った壁が何であるかを教えてくれるでしょう。絵描きにはさまざまなものを白く塗った経験が何度もありますから、中が汚いことぐらいはわかります。また北国の人々は、白い雪の美しさに反して、春の雪融け時に、たくさんのゴミが見苦しくも露わになることを知っています。

さまざまな方法でその時を知る、気がつくことができる書物、「いのちのみことば」である聖書がいつも私たちには与えられています。読む人、無視する人、火に投げ入れる人、破り捨てる人、さまざまです。もちろん、読めないいぐらいぼろぼろになったら捨て、新しい聖書を買います。古いきたない聖書を捨てると罰が当たる訳ではありません。もしかしたら、聖書を買えない人がそれを拾って大切に読むかもしれませんから。とにかく、いつも聖書があなたとともにあれば、いつでも神の言葉によって養われます。絶望の時にも私たちは神の知恵をいただき、神に祈り求めることができるのです。

自分で解決できない問題を抱えているときには、祈ってくれる人が必要です。そのようなときには教会に行き、神父や牧師に祈ってもらうとよいでしょう。一人では不安な時、教会にはキリストを神と信じる仲間がいます。一人で聖書を読んでわからない時に教会に行くなら、説教や祈り、勉強や交わりの中で少しずつわかるようになってきます。なぜなら聖書は自分勝手に解釈してはいけない書物だからです。聖書のみ言葉があなたの内に住まい、み言葉によって養われ生かされている時に、あなたは神とともにいます。「インマヌエル＝神、ともにいます」「言葉は神であった」からです。

エピローグ

今の時代、どのようにしてキリストに私たちは出会うのでしょうか？　実は、たった一度だけ人間になられた神、イエス・キリストの弟子たちの心が現代の私たちにも伝承され、イエス・キリストの愛を生きる私たちの顔が、イエス・キリストの愛の顔に似てきます。このようにして、神とともにいるあなたの顔に、キリストを見る人がいます。そしてあなたが神の救いを求めているとき、あなたに手を差し伸べる人の顔に、あなたもキリストの顔を見るのです。つまり、本当の愛を生きているその人の心に、その愛の行いの瞬間、イエス・キリストがお住まいになっており、その人の顔はたとえようもなく優しい顔、救い主の顔をしているのです。

「神は、その独り子をお与えになったほどに、世を愛された。独り子を信じる者が一人も滅びないで、永遠の命を得るためである（ヨハネによる福音書3・16）」。

愛さんへ――（ＡＩからキリストの愛へ！）

人間は独りでは生きてゆけません
独りでは、生きる意味も元気もありません
人に会いたいと思うものです
コンピューターでコミュニケーションができると
会うべきときに会わずに済ませてしまいます

私は地球の反対側に住んでいた
コンピューターをとおしてしか会えない
愛という名前の女性の洗礼・堅信の名親になりました
ＡＩでコミュニケーションをとる時代を生きて
私が彼女に email を送れなくなったとき
彼女は死んでしまいました

彼女が死にそうなときに、
私は彼女を抱きしめて、彼女の目を見つめながら
一緒に泣いてあげられませんでした
コンピューターにはぬくもりがないのです
画面を通して愛は伝わるでしょうか？

「会ってはくれない」という冷たさ
画面の向こうの幸せそうな人々に私の苦しみが解るの？
と、ますます孤独を感じてしまうかもしれません。
このようなコミュニケーションを
「何もしないよりはマシ」と言います

愛さんはとても美しい人でしたが
彼女を好きだとよってきた男性たちは
愛という名前の彼女の心を
ただボロボロにしたのでした
彼女は愛の恐怖症になったのです

愛さんへ――（AIからキリストの愛へ！）

希望を失って教会に来ると
彼女を本当に愛しくれるたった一人の救い主
私たちの為に人として来られた神
イエス・キリストに出会いました

私は彼女を英国には呼べませんでした
外国からはemailやズーム、チャットなどができても
そのようなAIを通したコミュニケーションでは
彼女の心は癒されませんでした
イエスさまなら「わたしのもとに来なさい」と
ご自分の近くにお呼びになるでしょう

聖書の描く神の愛は永遠です
神さまはいつでもどんな時でも、どこにいても
私たちを待っていてくださいます
私たちも神の愛に倣って
人を愛する事ができますように

イエス・キリストのみ名によって
アーメン

この詩は自分の名前を愛せなくなった「愛」さんを、想いながら書き記したものです。彼女は愛という名でありながら、本当の愛を見つけることができなくて、教会にやってきました。彼女に出会ったときに、私はまもなく英国に行くことが決まりかけていました。彼女は「emailで連絡できるね！」と、清い心で私の英国行きをも喜んでくれたのです。しかし彼女からのemailには彼女の悩みを書いてはくれませんでした。とつぜん彼女が命を絶ってから、私は「英国に行かなければ良かったのか？」と後悔の思いにさいなまされました。

「もっと近くに、いつも一緒にいてくれる方は、何でもわかってくれるイエスさまですよ」と伝えるべきでした。愛さんとこのような別れ方をした私は、AIの世界で本当の愛を見失っている人たちに、救い主イエス・キリストの愛を伝えたいと思ったのでした。この本をとおして彼女との出会いから生まれた何かが、みなさんの命をキリストの愛につなげてくれることとなりますように。そして愛さんの魂がイエスさまのもとで憩われますように。

工藤マナ

◇参考文献◇

・アウグスチヌス著、金子晴勇ほか訳『神の国上・下』教文館、二〇一四年
・稲垣久和編『神の国と世界の回復』教文館、二〇一八年
・井上洋治著『イエスのまなざし』日本基督教団出版局、一九九四年
・金子晴勇著『キリスト教思想史の諸時代Ⅰ』Yobel 新書、二〇二〇年
・教皇フランシスコ著『ミサ・洗礼・堅信』ペトロ文庫、二〇一九年
・ケネス・リーチ著『牧者の務めとスピリチュアリティ』聖公会出版、二〇〇四年
・ティモシー・ラドクリフ O.P. 著『救いと希望の道』サンパウロ、二〇一九年
・ノーマン・コーン著、江河徹訳『千年王国の追及』紀伊国屋書店、一九八二年
・ホセ・ヨンバルト著『カトリックとプロテスタント』サンパウロ、二〇一一年
・松本敏之著『神の美しい世界』キリスト新聞社、二〇二一年
・八木誠一著『イエスと現代』日本放送出版協会、一九七九年
・『聖書　新共同訳』日本聖書協会、一九八七年
・『日本聖公会祈祷書』日本聖公会管区事務所、一九九〇年
・Allchin, A.M. *The Joy of All Creation* (Cowley Publications, U.S.A. 1984)
・*Office Books of the Community of St Mary the Virgin* (CSMV Press 2007)
・*The Holy Bible St. James Version* (Oxford University Press)

キリストの愛とともに

発行日……二〇二三年六月八日　第一版第一刷発行

定価……［本体一、八〇〇＋消費税］円

著　者……工藤マナ

発行者……西村勝佳

発行所……株式会社一麦出版社

札幌市南区北ノ沢三丁目四―一〇　〒〇〇五―〇八三二

郵便振替〇二七五〇―三―二七八〇九

電話（〇一一）五七八―五八八八　ＦＡＸ（〇一一）五七八―四八八八

URL https://www.ichibaku.co.jp/

携帯サイト http://mobile.ichibaku.co.jp/

制作……株式会社一麦出版社

装釘……鹿島直也

ISBN978-4-86325-150-2 C0016